JN096781

THE CASE FOR MAKE BELIEVE

ごっこ遊びの理論と事例

スーザン・リン 著　近喰ふじ子 監訳

医学出版社

謝　辞

　本書で検討されたアイデアや経験は、私が長年に渡り構想してきたものをまとめたものです。執筆に当たり，私は幸運にも数多くの素晴らしい方々から励ましや導きを受ける機会を得ました。

　子どもや心理療法についての知識のほとんどは William Beardslee 氏から学んだものです。彼はボストン子ども病院で私の臨床のスーパーバイザーをしてくださり、その後も友人、同僚、良き先輩として近くにいてくれました。また、Andrea Patenaude 氏からも様々なことを教わりました。Fred Rogers 氏が 1968 年に私の作品に目を止めてからは、彼やその制作会社であるファミリーコミュニケーションズとの関係を大切にしてきました。ジャッジベイカー子どもセンター（Judge Baker Children's Center）では、所長の Alvin F. Poussaint 氏より知識、品性や優しさを持って接していただきました。「商業主義のない子ども期のためのキャンペーン（The Campain for a Commercial-Free Childhood）」はジャッジベイカーを拠点としており、統括の Jhon Weisz 氏と、その目的遂行のために支援して下さっているスタッフに感謝しております。

　ところで、最近の私の遊びに関する考えは同僚の Diane Levin, Sally Jenkinson, Joan Almon と、Nancy Carlsson-Paige からの影響を強く受けています。Sally と Joan は原稿を読んで感想を述べてくれました。Barbara Sweeny も原稿の感想を述べて、いつも彼女がするような優れた校正の援助をしてくれました。Eily Peearl、Josh Golin、Allen Kanner、Sharna Olfman、Michele Simon、Celia Shapiro、Sherry Steiner、Lauren Case、Judy Salzman、Susan Wadsworth もサポートをしてくれました。また、Judy、Susan、Linda Barns、Sharon Bauer は執筆にあたり、特に難しい箇所について助言をしてくれました。Tim Kasser、Michael Rich、Steveanne Aurbach、Ellen Bates-Brackett、Kathy Hirsch-Pacek、Sally Lesser、Marisa Clark、Enola Aird、Amy Aidman、Stephan Sniderman らは、貴重な時間と専門知識を惜しみなく提供してくれました。Chris Kochansky は草稿を練るのを手伝ってくれました。Courtney Novosat は優れた研究助手で、調査を手伝ってくれました。

　John and Geraldine Weil 基金、ならびに A.L. Mailman Family 基金のおかげで、私は執筆に専念することができました。本書で遊びについて紹介した多く

は、ボストン医療センターの SPARK センターとコーナーコープ幼稚園の子ども
たちです。SPARK のセンター長である Martha Vibbert 氏とコーナーコープの
代表者である Rosie 氏と Sajed Kamal 氏、ならびに組織のスタッフの皆様とご家
族にお礼申し上げます。

　私の両親 Anne と Sidney Linn は私が子ども時代に腹話術に興味を持ったこと
や、その後の私の経歴をとても応援してくれました。優れた腹話術師である
Gerald Whitman は、私に唇を動かさずに p や b や m を発音するやり方を教え
てくれました。私の母はオードリーダックを作製してくれ、その後オードリー
は，Malinda Mayer や Karen Larsen、Chris Godin らによって作り直されてきま
した。Karen Motylewski は私の親友であり、全ての作品を通して支えとなり、
RBC 検証をしてくれました。Suzanne Gassner は、私が初めて履修した心理学
の科目を教えてくれ、興味深い世界へと導いてくれました。

　編集を担当してくれた Ellen Reeves はこの本の完成を辛抱強く待ち、気持ち
良く編集に携わってくれました。Andrew Stuart は、本書の論点をもっと拡げ
ることを共に話し合ってきました。そして Jennifer Rappaport、ならびに The
New Press 社のスタッフの献身性とプロ意識に感謝致します。

　最後に私の家族に感謝します。Marley と Isabella Craine はインスピレーショ
ンにあふれた遊びをしてくれました。Josh と Michele ともよく一緒に遊びまし
た。Sasha は本当に大切なことを私に思い出させてくれました。夫の Cliff
Craine は、私のパペットたちが本当は誰なのかを知っていましたが、いつも辛
抱強くこの本の下書きを読んで話し合ってくれました。彼がいたからこそ、本書
を完成させることができました。

「ごっこ遊びの理論と事例」翻訳の完成に向けて

　2015年9月6日、江川久美子(武蔵野大学)大学長のもと、日本パペットセラピー学会学術集会第9回大会が東京の全国身体障害児福祉財団ビル7階大会議室において開催された。開催に際し、原美智子理事長は教育講演者の依頼を考え、アメリカのパペットセラピーの書物を見ていた際ある単行本に出会い、その本に推薦文を書いていたスーザン・リン女史(ボストンハーバード大学医学部精神科所属)の文章内容に感動、興奮し、すぐさま2015年の元旦にスーザン・リン女史へメールを送り、早々にリン女史から教育講演の承諾メールをいただいたのであった。原美智子理事長がリン女史へ依頼した教育講演タイトルは、「Me and Not Me」であり、当日の海外招待講演タイトルは、「Me and Not Me : The power of puppet therapy in the lives of children（子どものくらしの中でのパペットセラピーの力）」であった。学会終了後、スーザン・リン女史は日本パペットセラピー学会の名誉会員にもなり、現在に至っている。

　なお、第9回大会の前夜祭には、当時、東京家政大学付属となった加賀保育園(東京都所属であった)に月1回の訪問指導を行っていた筆者が、園長に頼んでスーザン・リン女史の講演の場を設け、併せて子どもたちのために腹話術によるコミュニケーション活動もしていただいた。子どもたちの笑顔と声援と拍手がついこの間のことの様に記憶に残っている。

　ところで、私にとって忘れることのできない思い出は、スーザン・リン女史から、「The Case for Make Believe 〜 Saving Play in a Commercialized World 〜」の自著をプレゼントされたことであった。どう使用してもかまいませんとの一言が筆者を今回の翻訳に向かわせたのであり、リン女史との出会いに感謝している。

　また学会翌日には、東京学芸大学教員養成カリキュラム開発センターで「コマーシャルのない子ども時代の贈り物」という講演の中で、判断能力が十分でない子どもへの広告宣伝に対し、商業的環境が子どもに与える影響を通じ、子どもの発達とコマーシャリズムの問題について話をしていただいた。さらに女性のDV施設からの依頼で、ご自分の相棒のオードリーダックを伴ってDV悲劇の講演を行い、性欲化、暴力、商業化などに警鐘を鳴らし、ご活躍の余韻を残しながら帰国された。

2021年1月吉日

東京家政大学名誉教授・客員教授

近喰　ふじ子

はじめに

　私はアヒルと話しをするそこそこの年齢の女性です。私が話しかけるとそのアヒルは返事をしてくれます。アヒルと私との間に嘘はありません。私がいなければそのアヒルは話すことができません。もしアヒルがいなければ…、いえ，私はそのアヒルがいないなんて想像できません。彼女は私の人生そのものなのです。

　そのアヒルはオードリーという名前のパペットです。オードリーは私自身であると同時に、私でもあります。これまで彼女の姿は度々変わりましたが、今はさび色の服と薄黄色のくちばし、ボタンの目、様々な色が混ざった茶色の毛糸の三つ編みをしています。彼女は私と違って色白です。彼女がしゃべる言葉は私の言葉で、身長や体重、先入観や社会の慣習などの制約を受けません。オードリーを通して話すことで、私の深層部分の自己が解き放たれます。そうすることで、それまで埋もれていて存在にすら気付かなかったちょっとした感情や思考、認識などをもたらしてくれるのです。私が満足のいく遊びができた時は、いつも決まってオードリーを介在した時です。彼女が私のそばにいることで私は子どもの遊びに関与し、遊びの意味について考え、その遊びを継続させてきました。

　ちょっと変わり者だった6歳の私は、その後長い間、腹話術に興味を持ち続けてきました。偶然にも親戚の友達から靴下のパペットをプレゼントされ、さらに腹話術へとのめり込んでいったのです。大人になった私は子どものためのエンターテイナーになり、ボストンのあちこちの街角からスミソニアンホールに至るまで、色々な場所で公演しました。パペットの活動や児童発達への関心を深める中で、ついに晩年のフレッド・ロジャースに出会ったのです。彼は私の作品に興味を持ってくれました。そのおかげで？私は時々、「Mister Roger's Neighborhood」（アメリカのテレビ番組）に出演し、子どもの複雑な問題を扱うビデオ制作会社「ファミリーコミュニケーションズ」で働く機会を得ました。

　私がパペットに魅了された理由は、パペットによる表現の自由さと、上演後に子どもたちがパペットを信頼する様子からでした。私は次第にセラピーの道具としてパペットの活用を考えるようになり、ボストン子ども病院に自分をパペットセラピストとして雇ってくれるよう交渉しました。パペットセラピストとは、子どもと双方向的にパペット遊びをすることで病気やホスピタリズムに立ち向かう援助をする仕事です。1990年にはハーバード教育大学（Harvard Graduate

School of Education)のカウンセリング心理学の博士課程を修了しました。そして1994年に私が現在勤務している、ボストンのジャッジベイカー子どもセンター(Judge Baker Children's Center)のメディアセンターで働き始めました。メディアセンターでは、子どもの健康や福祉を増進するための広報活動やマスコミの良くない影響を阻止する活動をしています。

1990年代後半になると、市場主義や商業主義について語ることなしにメディアの影響を語ることが難しくなり、私は同僚とともに「商業主義のない子ども期のためのキャンペーン(Campaign for a Commercial – Free Childhood：CCFC)」を設立しました。CCFCはジャッジベイカーを拠点に、子どもの生活における商業主義について取り組む全国的組織です。商業主義文化が子どもに与える影響をこれ以上大きくしないために、私は仲間と働く権利擁護者、ならびに活動家となりました。商業主義はごっこ遊びにとって大きな脅威となっています。私は仕事で長年子どもと過ごす過程で、人間の持つ遊ぶ力や遊びと人や社会の健康との間にある深い結びつきに対して、尊敬に近い畏怖の念を抱くようになりました。

遊びは子どもの健康の基盤でありながら今や危機にさらされているため、国連は子どもの権利条約の中で、遊びは保障されるべき権利であると表記しています。第三国の子どもは奴隷として搾取され、児童兵役や児童労働などの社会的問題によって遊ぶ権利がないがしろにされています。アメリカ合衆国や他の先進国では、徴兵ではなく様々な誘惑が子どもたちを引きつけ、彼らを創造的遊びから遠ざけています。

可愛いキャラクターや、最先端技術、色鮮やかなパッケージ、心理学的知識に裏付けられた商業戦略などが緻密に組み合わされた宣伝が子どもの心や思考や創造性を捕らえ、ごっこ遊びで作り出すものよりも、お金で買えるものに価値を見いだすように教え込むのです。

派手さを富みと勘違いし、生活の不都合さを解決してくれる万能薬として工業技術で作られた安っぽい装飾品などを売り込むような文化の中で、好奇心や創造性、内省や周囲との有意義な関わりを得るために子どもたちには時間や空間、道具、静けさが必要なのです。今日のアメリカ合衆国では、あらゆる階層の子ども

が遊びから遠ざけられています。市場優先の社会において、創造的遊びは「はずれ」なのです。それは儲からないという理由からです。

　創造的遊びが儲からないという大きな理由は、満足感はどんな物で遊ぶかではなく、遊んでいる人によって得られるからでしょう。創造的遊びをする子どもはものを多様に使うことができます。彼らは、ある日は毛布をテントに使ったかと思うと、その次の日には洞窟として使ったりすることができるのです。棒は魔法の杖になったり、剣やサーベルになったり、帆船にだってなります。

　ブロックや美術用品、人形やぬいぐるみ（マイクロチップ入りやメディア関連のキャラクターでないもの）などの想像力を育むおもちゃは繰り返し使え、様々なやり方で遊ぶことができます。アメリカ合衆国では、創造的な遊びを育むことは本質的に反体制文化的なのです。なぜなら、創造的な遊びは企業利益を脅かすからです。

　今日の子どもたちは、"幸福や満足感を得る鍵はブランド品やお金で買える物を得ることにある"というメッセージに攻め立てられています。そういったことを調査している私の同僚ですら、一日限りの短い娯楽が私たちを幸せに導くと考えていました。物質的な物に価値を見いだしている大人や子どもは，お金で買える物に投資しない人より実は幸福ではないのです。

　もし、物を買い求めることで幸せになれると信じているなら、商業的に構築された悪循環にはまるでしょう。私たちはその商品が自分を幸せにしてくれると思うから物を買うのです。それを続けると何が起こるでしょうか？　何も起こりません。しかし、もし商品が幸福をもたらしてくれると信じているなら、私たちは他のもっと大きな、もっと上質な、あるいはもっと違う何かを購入するでしょう。それでも幸せになれません。だから別の物を購入するのです。それが繰り返されるのです。企業利益というのは私たちや子どもたちに、幸せは次に買い求めるものに存在すると信じ込ませることの上に成り立っています。だからこそ、電子技術が内蔵された現代の人気のおもちゃは大々的に宣伝されるのです。それらのおもちゃは楽しそうに見えますが、製品の買い換えを狙ってすぐに旧式化するように作られているため、子どもが何年も、いえ、数か月だってそれで遊び続けるようには作られていません。それらは販売することが目的で作られています。

子どもの興味が薄れれば次のおもちゃがすぐに市場に現れます。企業にとっては子どもの興味が早く薄れてくれるほうが好都合です。

　私は前書、「Consuming Kids（消費する子どもたち）」の中で、市場主義や先端技術への指向性がいかに子どもが創造的遊びを行う力や志向を蝕んでいるかについて述べました。この本では問題点のみに焦点を合わせるのではなく、可能性についても論じたいと思います。つまり、子どもたちがごっこ遊びを作り出す機会が与えられれば花開くであろう、驚くべき感情の深さや内省、学びについてです。

　また本書では、子どもたちがなぜ、いかにして遊ぶのかという私の体験について、さらに、なぜ遊びは絶滅の危機にあるのか、なぜ遊びの絶滅を防ぐことが私たちにとって重要なのか、そして絶滅を防ぐためにはどうすべきかということについても述べました。本全体を通して、遊戯場面で観察した子どもの様子を紹介していますが、中核を成すのは、私が関わった命に関わる病気や死や喪失体験といった人生の大きな課題に立ち向かうためにごっこ遊びを活用した子どもたちの物語です。私は深いレベルの検討を行いました。なぜなら、遊びというものが意味のある人生を生きるための基礎的な要素であり、精神的健康にとって不可欠であることを理解するために、人生の辛い時にすら楽しく前向きに遊ぶ子どもたちを紹介する必要があると信じているからです。

　本書の目的はごっこ遊びが存続の危機にさらされている現代に、ごっこ遊びの臨床事例を示してその必要性を明らかにすることです。子どもの感情の奥深さや、彼らがいかに自然に、かつ瞬時にごっこ遊びに入っていけるのかという、私が問いつづけている謎を読者と共有することこそ内的体験に声を与えることになります。それは人生の大きな挑戦に立ち向かう杖となるでしょう。それは子どもと関わる人々のためのものです。私の体験によって、あなたの子どもやあなたが関わっている子どもが創造的な遊びを展開する時間や空間を保障され、勇気づけられることを期待しています。私は、子どもが友達と遊べたら良いと思います。彼らが自分たちだけで遊べると素晴らしいです。また、あなたができる時にあなたなりのやり方で、子どもと遊ぶことも願っています。

目 次

Part 1

ごっこ遊びの実情

なぜ遊ぶの？

chapter 1

だれかのまねをして自分を守る

ごっこ遊びの必要性

　4歳の女の子は一人で病室のベッドに座っていました。片側のベッド柵は降ろされ、両足をブラブラさせて、使い古されたサルのぬいぐるみをしっかりつかんだまま、部屋に入ってきた私をじっと見つめていました。その翌日には彼女は両親から引き離され、大量の薬を飲まされ、窓のない暗い部屋に連れて行かれ、機械に囲まれたテーブルに寝かされました。マスクと白衣を着た大人たちは彼女の下半身を皮ひもでくくり付け、視界を遮る仕切りの向こう側で、彼女の身体に何をするのか見えないように、彼女の下半身を取り囲んでいました。数時間うとうとした後、彼女は身体の中に急激な熱を感じ、太ももの付け根に何かが強く押し付けられているのを感じたのです。それから彼女はようやく家族と再会できました。

　彼女は私が来るのを待っていたようです。彼女の母親と看護師がパペットのおばさんがこれから行われる心臓カテーテル検査－それは医師たちが彼女の心臓に繋がる動脈の一つに蛇のような管を差し込んで行うーについて、もうすぐ話しをしに来ることを伝えていたからです。彼女は私がベッドの隣にある椅子に腰かけるのを静かに見つめていました。

　私は「こんにちは。私の名前はスーザン。パペットをいくつか持ってきたのよ。あなたが使えるパペットもあるわよ」と言って、4つの小さな動物のパペットを手渡しました。そのうちの一つはどちらかというと温和な目をした犬で医師の格好をし、別のパペットは緑のフエルトでできたドラゴンで大きな口と尖った歯を持っていました。そして「これは私の」と言いながら、私のお気

3

に入りで大好きなオードリーダックのパペットを取り出しました。それは柔らかくて鮮やかな色彩の布で作られ、茶色の毛糸の三つ編みとボタンの瞳と柔らかな黄色のくちばしを持っていました。「私は入院している子どもたちにお話しをしに来ているのよ」と、私はオードリーを手に滑り込ませながら話しを続けました。「私は病院のことやそれ以外のことも話すのよ」と言うと、オードリーはその小さな女の子を気遣いながらじっと見つめ、それから私の方を向いて、「あの女の子は誰？　可愛い子ね」と言いました。[1]

　私は心理学者になった腹話術師です。私はパペットで世界を創り上げ、それを通じて他の人が作り上げた世界に入り込むことができるのです。私の仕事は子どもと遊ぶことです。30年以上もの間、幼稚園入園の初日に出会った子ども、虐待された子ども、生死に関わる病気を抱えた子どもなど、様々な困難に直面する多くの子どもと遊んできました。

　私の子どもとの経験は、おそらくはあなたの経験とは違うでしょう。私がこれまでに出会った子どもの多くは、身体的、ないしは情動的な痛みを抱えていて、21世紀のアメリカでは普通ではなかったのです。

　そして私が子どもたちを人のこころを惹きつけるパペットの芝居に巻き込みながら、多くの時間を過ごしてきたという点も普通ではないのです。しかし、私がこの仕事から学んだことは普遍的なものです。とても幼い子どもでさえ、愛や抑えがたい怒りのような激しい情動のような感情を同じものだとは思っていないし、たとえ感情を認め、その考えを口に出そうとしても言葉は見つからないかもしれません。また、まだ経験したり影響を受けて欲しくないと私たちが願っているストレスやトラウマなどの大人の世界の苦痛にも、彼らは順応しているのだということも学んだのです。遊びは癒しです。そして意義ある人生を送るには、遊びは絶対必要な積み木であることに気が付いたのです。

　私はずっと長い間、子どもたち自身の体験と遊びとの関係を探究してきました。だからこそ、時には誰もが私ほど熱心ではないことが信じられませんでした。それ故、私は自分のオフィスから出る時はいつでも、この近視眼的なものの考え方から救われたものです。私は遊びを会話に持ち出す度に、ほとんどの

人々の目に眼鏡がかけられていることに気付きました。その人たちは「遊びなんて取るに足りないたわいのないものなのに、どうして配慮しなくちゃいけないんだい？」とでも考えているのでしょうか？　どうしてそのように考えるのでしょう？

　私は最近、あるパーティに出席しました。ほとんどの出席者は大人で、子どもはわずかしかいませんでしたが、この席で子どもは大人がすることと同じことをやっていたのです。それは友だちや家族と笑ったり、おしゃべりしたりすることです。私の脚に何かが触れたので見下ろすと、二人の小さな女の子が人ごみの中を走り回っていました。「お姉ちゃん、お姉ちゃん」と一人がもう一人の女の子に大声で叫びました。「魔女が来るよ！　逃げろ！　逃げろ！」周りの大人たちを気にも止めずに空想の世界に夢中になっている彼女たちのあふれんばかりの元気と楽しそうな様子は見事でした。これだけの喜びを与えてくれる「遊び」そのものが、私の情熱リストの中で最も高位に位置する十分な理由なのです。しかし、「遊び」が与えてくれるものは喜びだけではありません。遊ぶ能力とは生き残るためのスキルなのですから…。

　たいていの児童発達の専門家たちは、遊びは知的探求の土台(基礎)となることに賛同しています。なぜなら子どもにとって遊びこそどのように学ぶのかを学んでいることになるからです。たとえば問題解決力[3]、論理力や読み書きの能力[5]などの全ては、学業での成功や職場での生産性に欠くことのできない絶対に必要な本質的な能力であり、協力や共有などの社会的スキルと同様に、様々な種類の遊びを通じて発達すると考えられるからです。

　私は「遊び」におけるこのような面を高く評価し価値も認めていますが、私の本当の情熱は別の方向にあります。それは「遊び」というものが、創造性や精神的健康とどのように関連しているのかを探索することです。私がことさら情熱を持っているのは、「ごっこ遊び」、もしくは「なりきる」ということです。私はこのごっこ遊びこそが、空想上の登場人物を創り出し、別の現実を想像し、私たちが生きているこの世界とは別の架空の世界へと、私たちを送り込むと認識しているからです。子どものごっこ遊びは、人々や様々な出来事に関

する彼らのユニークな経験に根付いています。子どもは遊ぶ機会が与えられると自然にごっこ遊びを始め、それは自己回想と表現に必要な本質的な早期の経験に役立ちます。子どもと子どもの世話をしている大人たちの双方にとって贈り物であると同時に、子どものこころと精神への扉となりえるからなのです。

　美辞麗句（ちょっと気取った表現）で述べるならば、子どもたちのごっこ遊びは、それぞれがまるで指紋のように、唯一のものとして演じられます。たとえば同じ犬のパペットでも、複数の宗教背景の中で育った４歳児は、そのパペットに「僕のこころはユダヤ教だけど、僕の身体はクリスマスなんだ」としゃべらせ、手術を控えている６歳児は、そのパペットを医師に変身させました。歯科医の診療から帰って来たばかりの５歳児は、「口を大きく開けて」と話しかけ、またある子どもは、幼稚園で子どもにバイバイのキスをする母親に変身させました。家族構成の変化を経験した子どもは同じ犬のパペットを手にはめ、母親に変身させたとたんに、じっと冷ややかに子どもを見下ろしたのです。犬のパペットではなく、カバ、ドラゴン、牛などのパペットを選んだ子どももいましたし、私のパペットには関心がないのか、セッションの間パペットに触ろうともしないで、絵を描いたり、組み立てたり、あるいは音楽を作ったりすることを好んだ子どももいました。

　ごっこ遊びは素晴らしく、かつ独特な人間らしい２つの特色を合わせ持っています。それは空想する能力と、私たちが必要とする経験に意味付けをするという能力です。私が言う空想とは、想像や白昼夢、そして未来を設計し、過去を作り変え、新しいことを可能にし、それらを他人と分かち合うことはないとしても、人を動かす強い感情の物語のことなのです。私が言う意味付けするということは、私たちを豊かにする情報や出来事を反映し、自分の人生経験に精通しているという感覚を獲得できるように取り組む衝動のことを意味しているのです。

　ごっこ遊びは、時間と空間に存在する空想の内的世界での経験や、外的世界が交わるところで大きく成長するのです。白昼夢、あるいは他者との相互作用の関わりとは違って、それは完全に内側の世界にあるものでも、外側の世界に

あるものでもありません。それは内的世界にも外的世界にも全く存在していないのです。しかし両方をかたどることはできます。すなわち、それは子どもがまどろみながら見る夢や空想をもたらせようと「ごっこ遊び」をしたがり、調べたり思案したりする中にみられます。しかし、子どもはそれほど長く内面に保ち続けられないため、明るみに出た夢や空想は吟味され、熟考されて他者の意見によって作り変えられることすら可能になるのです。私は子どもが遊ぶための時間や場所を確保することに切迫感が増しているのを感じています。それは、環境問題専門家が熱帯雨林の保護について感じるのと同じような切迫感なのです。私は人間であることの価値の大部分は、愛や友情に次いで人を育む特性、創造性や意味づけの能力で占められていると考えています。それにも関わらず、これらは営利を追求する文化や溢れかえる電子音と電子映像の衝撃に特徴づけられる社会的基準によってその価値を失い、絶滅危機というべき状態にまで達してしまったのです。

　幼い子どもを研究している同僚による観察結果や保育園、幼稚園の先生たちとの対話から、ここ数年、子どもたちは創造的な遊びの仕方を忘れてしまったのではないかと感じていたことが確実性を増していることに気づきました。

　私がデイケアセンターの託児所で会う子どもの多くはセッションの初めに動物や小さな人形を手に取ると、テレビで非常に人気のあるアニメと同じ暴力的なシーンを演じ始めるのですが、私はその遊びの中に自分の創作を入れることにしています。もし私が様々なキャラクターになって話しかけ、自由に答えられる質問をし、彼らにとって重要なテーマを持ち出せば、たやすく子どもたちをごっこ遊びに誘い込むことができます。「おしゃべりするの？」3歳の女の子が手渡されたばかりの赤ちゃん人形について聞きました。「ええ、するわよ！」と私は答えました。そして「マーマ」と赤ちゃん人形を泣かせると、その女の子は両手を広げて人形をしっかりと抱きしめ、慰めているようにあやし、彼女が作ったシナリオを演じ始めたのです。赤ちゃん人形の両親は人形を取り上げ、子どもをベビーシッターに預け、めかしこんでパーティーに出かけてしまうというストーリーでした。大喜びしながら彼女はその話を少しずつ変

えてこのシーンを5、6回ほど行いました。

　遊びを子どもたちに教える必要はありません。養育環境がほどほどのところでさえ、時間と機会が与えられれば彼らは遊びをわけなくこなすものなのですから…。赤ちゃんは自分が出会い、世話をしてくれる大人、自分の身体、質感、音、味、匂いなどとの相互交流を通じ、世界について学ぶ用意をし、準備が整った状態で生まれてくるのです。

　子どもたちの生涯にわたる重要な遊びは、認知的、社会的で情緒的な健康が与えられることであり、それは子どもの一生を維持し、その全てを可能にすると私たちは考えています。しかしそうであるにも関わらず、その全く逆のことが起こっています。子どもがどのように時間を過ごすかという研究では、子どもが創造的な遊びに費やす時間は減っていると報告しています。また、1997年から2002年までの5年間の調査では、6歳から8歳までの子どもが創造的な遊びに費やす時間は、約1/3に減ったことが示されていました。[6]

　このように、遊びと学習の関連性が研究で明らかにされているにも関わらず、「どの子も置き去りにしない（No Child Left Behind）法」などの政府の政策により、幼稚園ですら遊ぶ時間を犠牲にして暗記学習が推奨されています。休み時間に割り当てられる時間や学校内での遊びの機会は全米で大幅に減らされ、むしろ削除されてしまったのです。その上、学校外で遊ぶ時間も子どもたちに残されてはいないのです。

　そのため、余裕のある親たちは一番下の子どもでさえ体系的な教化クラス、あるいは組織化されたスポーツに入会させています。

　家で子どもと過ごす親たちでさえ、子どもが自由に遊べる時間が欲しいと言っています。なぜなら近所に住む子どもの多くが、放課後のスポーツや活動で忙しいからです。組織化されたチャイルドケアを利用できない働いている親たちは、子どもを家で留守番させる時はテレビに頼るでしょう。

　赤ちゃんは遊ぶ準備をしてこの世界に生まれてきます。生まれて間もない赤ちゃんには、私たちが赤ちゃんのジェスチャーや声を真似したり、赤ちゃんが興味を示すものを発見した時はそれらを飽きるまで見せ、見慣れたものを再発

見する機会を与えてあげたりすれば、私たちも赤ちゃんの遊びに参加していることになります。赤ちゃんの最初の遊びは、生まれながらに備えている快感の動作や活動を繰り返す中で、その動作や触れること、声を出すことなどを通じて赤ちゃんを世界へと探索させ、相手との間で得られる喜びの感覚を体現しているのです。

　私が9か月の孫イザベラのおむつを替えていた時、突然彼女はうめき声にしては少々珍しい「フンッ」という声をあげ、それから期待を込めて私を見たのです。面白いことに、その声は彼女の姉がふざけている時の声にそっくりでした。私はできる限り彼女をまねて呻き返しました。すると彼女は少し微笑んで、また呻いたのです。そうして私たちは少しの間、理由もなく可笑しな声をお互いに出し合いながら幸せな時間を過ごしました。

　官能的な快感や身体的な挑戦をマスターするための探索が始まり、身体的世界の原則を繰り返しながら赤ちゃんは遊んでいるのです。赤ちゃんが手にしたおもちゃやスプーンなどをわざと落とすことを繰り返す、おかしくもイライラする時期は、重さの探索をしているのです。そのこと自体は、まるで「いないいないばぁ(peek-a-boo)」という終わりのないゲームでもあり、人生の始まりと終わりでもあり、初期の頃に物をつかめるようになったことを表明しているのと同じなのです。また、見えないところにも人や物が存在しているのだと、新たに形成された想像の理解を試みているのです。

　私は幸運にも、友人の7か月の娘が自分の膝に驚くべき発見をした瞬間に彼の家に居合わせました。彼女は歓喜の悲鳴をあげながら父親の方に自分の両腕を伸ばし、はっきり立ち上がりたいと意思表示したのです。そして小さな掌で父親の指の一本をしっかりとつかむとつま先を押し上げ、立ち上がった姿勢まで体を伸ばしました。彼女は少しの間不安定に立っていましたが、ぐらつくと、脚をゆっくり曲げてしゃがみ込み、それから酔ったバレリーナがプリエから伸び上がるように、もう一度危なっかしく立ち上がりました。にこやかに笑うと、彼女はその一連の動作を何度も何度も繰り返しました。そのうち床の上に散らばっている子猫のおもちゃに気付き、片方の手だけで父親につかまっ

て、さらに激しくぐらぐらしながらそのおもちゃに届くように手を伸ばしました。けれど、(1)それをつかむには遠い場所にあり、(2)それは地面の高さにある、ということに気付いて、彼女は非常に慎重に空いている自由な手をおもちゃの方に伸ばしたのです。

　彼女はよろめきながらも完全に自分の使命に集中して、膝を曲げるという輝かしい過程を開始しました。父親の腕に守られたことでぶざまに転倒することを回避したのです。彼女は床の上で少し休むと、喜びに満ちた決意でこの過程を改めて繰り返しました。

　赤ちゃんは遊ぶことを教えられる必要はありません。なぜなら赤ちゃんは生まれ持っての感覚主義者、探索者で、むしろ私たちが赤ちゃんを遊ぶことから遠ざけてしまっているのですから。私は壮麗な秋の一日に、韓国の古代の仏教寺院を散策していた時のことを思い出します。そこで私は、一人で座れるものの、動き回るにしてはまだ小さすぎる7か月くらいの赤ちゃんが埃っぽい地面に座っているのを見ました。明らかに彼を溺愛している家族、すなわち両親、祖父母らが写真を撮るために、そこに座らされていたのでしょう。私は韓国語が理解できませんでしたが、四人の大人たちの身振りや相互のやり取りから、赤ちゃんにカメラの方を向いて笑って欲しいと望んでいるのがわかりました。しかしながら、彼には別の考えがあったようです。身をかがめて手で地面の土をなぞり、指で模様を描くことにすっかり夢中になっていて、ゆっくり少量の土をつかみあげると、少しずつ指の間から落としていました。祖母は彼を引っ張ったり、甘声でつったり嘆願したりして、満面の笑顔を撮るためにカメラを構えている父親の方を向かせようとするのですが、全く功を奏さなかったのです。四人の大人の最大限の努力にも関わらず、彼は土に関する感覚的、科学的、遊戯的な探究を止めようとはしませんでした。

　子どもの発達の速度はそれぞれ違いますが、2歳の終わり頃になると子どもの遊びの場所には驚くべき変化が現れます。無から何かを創り出そうとする、目覚ましくも驚くほどの能力を得るからです。また、頭の中に重要な人物や物の視覚的記憶を保ち続けるだけでなく、そこから得られたイメージを、思い通

り気の向くままに思い出し、そこから新たなイメージを好きなように変えることができるようになります。この幼児期初期に見られる「ふりをする」経験は、誰にも見ることができない世界を創造し、それを楽しむ根拠となります。

　日常で遭遇する平凡な物に新しく風変わりな意味を持たせる能力、さらにはその欲求を生まれてから数年間で獲得するという特性は、私たち人間に特有のものなのです。子どもが「ふりをする」能力を発達させるにつれ、生命のない物は適切でふさわしい名前を与えられ、話し相手になり、なだめ役、そしてさらには身代わりとして生まれ変わります。

　子どもは人形や動物のぬいぐるみを本当の赤ちゃんのように抱いて可愛がり、哺乳瓶でミルクを飲ませ、おむつを替え、ベッドに寝かせつけるふりができます。大人の衣服で盛装したい、大人の靴で歩きたいと願うようになります。別な言い方をすれば、彼らはふりをすることによって生活を豊かにするのです。それはちょうど専門家が「象徴遊び」と呼んでいる、何かの対象を別の対象の象徴に見立てることで、時にはそれ自体の代替物として認識する遊びで想像力を育んでいるのです。ブロックはレンガに、水は紅茶に、そして大きな箱は洞窟にすることもあります。また、家や宇宙船にもなります。しかし、子どもは空気からクッキーを取り出したり、そこにいない人に話しかけたり、ただの棒を魔法のステッキに変えたりすることに熱中しながらも、「現実」の世界にしっかり留まっているのです。

　私が知っているある男の子は、2歳の時に彼がクッシーと呼んでいた古い緑がかった灰色の綿のクッションにとりわけ強い愛着を抱くようになりました。一年ほどすると、もともともろい状態だった綿のクッションは、穴が開くほど薄くなってしまっていましたが、彼はクッシーを棚の上に廃棄することを拒み、ついに手術が必要な状態になりました。クッションの詰め物の全てを取り出さなければならなくなったからです。クッシーは詰め物を取り出されてしぼんでしまいましたが、誰からも打ち負かされたわけではありませんでした。しぼんでぺったんこになったクッションにはボタンの目と毛糸のしっぽを付けられ、その後数年間愛され、遊ばれ、同時に様々な罪をなすりつけられて過ごし

ました。

　子どもは一度それがクッションであると同時に、何かに変わりうるものであることを認識する能力を獲得すれば、自身の夢や希望、恐れや空想を演じるために周りの世界を作り変えることができるようになるのです。子どもは時間と機会が与えられればいつでも世界を意識し、逆境に立ち向かい、自然にごっこ遊びを始めて色々な役を演じ、癒しや自己理解、成長のためにごっご遊びをする能力を発達させるのです。

　私は子どものごっこ遊びは即時の再演だと言っているのではありません。必ずしも特定の出来事や状況をありのままに再現する必要はなく、むしろ特定の出来事や人について、彼らが見聞きしたことの大事な部分を表現しているのです。夢の中にいるのと同じように、子どもの感情、希望、恐れや欲求などは現実の命あるものからの無意識の叫びでもあり、出来事や人々など全てのものとごっちゃになっているのです。22か月のソフィーが赤ちゃん人形をベビーベッドに寝かしつけるために、憤慨した様子でその人形をベッドに殴りつけることを繰り返したとしても、彼女が今までにそのような扱いを受けたからではありません。私はそれを知っていましたし、彼女がこの頃寝るためにベッドに行くのがイヤで、そのことがしばしば両親の争いの原因になっていたことも知っていました。彼女は「パパとママが私をベッドに寝かしつけるのは、まるで拒絶されているように感じるから私は怒っている」と両親に言葉で伝えられなかったのです。しかし、そのような感情を持つのは当然なことであり、遊びを通じて非常に明確にそれを伝えたのでした。ソフィーは自分を愛してくれる大人の前で遊ぶ時は、必ずある方法で自分の就寝時間の経験を公開したのです。私はこのわかりにくい変わり目への移行(赤ちゃんの人形を殴りつけることから、自分がベッドに行かせられる)ができるよう、両親を手助けしたのです。しかしこの遊びは、大人が見ていないところで彼女が一人で遊んでいたとしても、彼女の助けになっていました。なぜなら、ソフィーの気持ちが受け入れられる方法で彼女の感情を表現させることに加え、自分が無力だと感じてしまう状況や、意に沿わない就寝に対してベビーベッドに置き去りにされる状況を再演

し、彼女自身を力を持った人に変身させたからです。彼女はベビーベッドに寝かされて置き去りにされるのではなく、そこから立ち去る側なのです。そして彼女はそのシナリオを好きなだけ繰り返しました。

ソフィーが行ったこの遊びは、健全な幼年期の子どもの基礎的な遊びの構成要素で、それは学習と創造性に密接に結びついているのです。

遊ぶ能力は、私たちが反発することだけでなく行動を起こし、リスクを取り、実験し、批判的に考え、再演するなど、むしろ環境から私たちを切り離し、人生を意味のあるものにする能力の中枢です。多くの場合、大人たちが日記を書くことで日々の出来事を振り返るのに対し、子どもは自分の人生を顧みるための方法としてごっこ遊びをするのです。

子どもの物語の筋書を作る能力が発達するにつれ、彼らの遊びはより手の込んだものになっていきます。複雑な物語を自分自身へ語りかけるものに使い、しばらくすると自分以外の登場人物を想定することもできるようになります。

この本は子どもへの治療的な介入のために、パペットを用いた自分の経験をもとにして書きましたが、遊戯療法のマニュアル本ではありません。子どもの治療者としての私の仕事は、他の治療者の仕事と同じように、何年にもわたるトレーニング、経験、そして小児（児童）の発達と心理学の原理を基礎に置いたものなのです。また、本書は親たちに初期の神経症を見出させようと、子どもの空想を深く分析することを勧めるために意図（着想）したものでもありません。多くの親たちは治療者としての教育訓練を受けていません。だからこそ、私たちと同僚の治療者であっても、子どもの治療を行うことができると考えるのは無責任なことです。なぜなら私たちは十分に客観的ではないし、こころから子どもたちを愛し過ぎているし、子どもたちの将来に期待もしすぎているからです。そしてどの親たちもそうであるように、私たちは子どもたちを傷つけたかもしれないという思いが、重くのしかかっていることに気が付いてもいます。だからこそ、子どもたちを受け入れるのが困難なのです。

とは言え、親たちはごっこ遊びの根本的な重要性に気づいています。私たちは子どもに遊ぶ機会を与えることもできるし、一人で遊ばせることもできる

し、他の子どもと一緒に遊ばせることもできます。そうすることで彼らの遊びのテーマや物語を彼らに作らせてあげられるのです。

　この本を書く準備をする過程で、私は現在20歳の娘が通っていたコーナーコープ幼稚園を訪ねました。なぜなら、「規則正しい、普通の」子どもたちを観察したかったからです。「規則正しい、普通の」とは、私が仕事で出会った多くの子どもが直面している過酷な人生の問題とは無縁の子どもたちのことです。私はまた、それは援助的・協力的、養育的で、遊びを中心にした、しかし医学的な観点からすれば、少なくとも治療的とまではいえない環境にいる子どもたちとの時間を過ごしたかったからです。

　全てが良くできている幼稚園と同じように、コーナーコープの子どもたちはブロックや粘土で遊んだり、お絵かきをしたり、よじ登ったり、絵本を眺めたり、音楽を楽しんだり、ボール遊びやパズルをしたり、植物を植えたり、手芸を楽しんだりと、幅広い種類の遊びを通じて世界を探索する機会に恵まれていましたし、外で時間を過ごせる時はいつでも水や砂で遊んでいました。また、ここにはごっこ遊びをする機会やそのための道具が十分にありました。たとえば衣類による装飾、ロフト、ロッカーの上にある木製の構造物、そしてボート、家、さらに洞窟などのような様々な住居に使える大きなカーペットが貼られた木製の箱もありました。個人的な興味から、私は主にごっこ遊びをしている子どもたちに注目しました。

　コーナーコープの先生たちは、子どもたちにテーマ、キャラクターや筋書きの選択を押し付けることなく、子どもたちの遊びの中にアドバイスをしながら入り込む、熟練した治療者たちでした。毎日、ただそれが可能であるという理由だけで子どもたちが直面している日常的な仕事を同じやり方で行っている間、それと同時に熟練した治療者たちが担当する子どもたちは、人間の最も深遠なもがきを演じるのでした。子どもたちはシェアリング、協力、そしてたとえ身体的な世界の財産をつかんで離さないとしても、喜びと尽きることのないエネルギーで、死、孤独、ないしは怒りや攻撃性というテーマに熱中し、どっぷり浸かるのです。

　ごっこ遊びをすることは、平穏な生活を送っている子どもたちにとっても深い恐怖と空想に対処する自然な方法です。それはしばしばぞっとするような内容でしたが、二つの役割がありました。一つは彼らを怖がらせたり、あるいは圧倒するものについての支配の感覚を得るための方法や手段であること、もう一つは、「良い子であれ」との勧告に従おうと一生懸命に頑張っている小さな子どもたちが、怒り、利己心、卑しさや恐怖などの受け入れられることのない感情を表現したいと願い、人間らしい欲求に声を与え、それを表現することを演じるチャンスを与えられる時間でもあるということです。コーナーコープでごっこ遊びをしている子どもたちも例外ではありません。

　私は先端にベルが付いた赤、黄、青色の道化師の帽子を見つけるために、トランクいっぱいの衣装をひっかき回している二人の女の子を見ていました。この女の子たちはその帽子を「ベスのお気に入りの帽子」と名付け、他の物と区別していました。一人がその帽子を見つけ出し、二人でベス先生のもとに走って行きました。「私のお気に入りの帽子！」とベス先生がおどけて「貰ってもいい？」と聞くと、「ダメ！」と女の子たちはクスクス笑いながら走り去りました。それは明らかに懐かしいゲームのようでした。女の子たちが様々な遊びの場所に立ち止まり、部屋をひとまわりする間に帽子は変化していきました。「これは悪い帽子よ」と一人の女の子が言うと、「悪い帽子だ」と、もう一人の子も同意しました。それからしばらくの間、彼女たちは帽子を持って走りまわりそれを赤ちゃんへ変身させると、今度はその赤ちゃんをあやし続けました。その後、よじ登って遊ぶ遊具の下にその赤ちゃんをそっと置くと、毒の入ったクルミをテーマにした新しい遊びを始めたのでした。

　その間、二人の女の子たちは忙しそうに、おもちゃの食べ物を小さなプラスチックのプレートに積み上げていました。そして別の先生のもとに駆け寄ると、そこにあったおもちゃを偽物のキャンディーだと言って先生にすすめました。一人の女の子はそれを「食べて」と言い、「ママ、美味しいよ。毒入りのレモンドロップだよ！」と笑いながら叫びました。「ここだよ」と片方の女の子が言うと、先生の手にプラスチックのカップを押し付けました。「毒入りの

レモネード！　死んじゃうぞ！」女の子たちはヒステリックに笑いながら走り去ったのです。

　経験を積んでいない人間にはカオスに見える一連の行動とやり方を通じて、熱狂的に演じられるあらゆる死と破壊の中で、先生たちは子どもたちの遊びに付き合いながらも冷静に見守り、子どもが先生たちを遊びに引き込む時、先生たちは遊びの内容を変えることなく、主導権を握らせていました。そして子どもが、ぬいぐるみが殺されてしまうというような恐ろしい空想のシナリオを演じる時は、先生たちは悲しみや恐れなど、その状況に見合った適切な感情を表現したのです。そうすることで、たとえその感情が社会的に受け入れられないとしても、それらの感情をどのように表現するべきかというお手本になるからです。

　実際、真実をねじ曲げたり傷つけたりすることは、誰にも許されません。先生たちは決して子どもを怖がらせることはしません。子どもを一人で、あるいはグループで遊ばせ、遊びに招かれた時はその遊びに参加します。また、子どもが演じきった自分の物語や空想を押し付けることはしませんし、遊びに参加しない子どもに対しては、遊びの援助はしても、先生たち自身の空想を押し付けたりはしません。「僕たちは悪い恐竜だ」とある男の子が別の男の子に言ったとします。「僕は違うよ！」とその男の子は答えます。先生が教育訓練を受けた治療者ならそうするかもしれませんが、子どもたちの空想の遊びから深い意味を探ろうとはしないのです。むしろ先生たちは子どもが必要とする想像力を活用させて、行きたいところならどこへでも行ける機会を与えているのです。子どもたちは捨てられてしまった絵の具、ブロック、パズル、粘土や衣裳などを自分自身を表現する材料として使います。これは治療ではありませんが、確かに治療的なのです。

　心理学者として、私は特に遊びの癒す力に興味を持っているのですが、それは自己認識や個人の成長へと先導してくれる手段だからです。しかし、ごっこ遊びが子どもにもたらすものはそれだけではありません。ごっこ遊びは、子どもに評価できないほどの業を学習させる機会を提供するだけでなく、与えても

いるのです。それは子どもを経験に深くはまり込ませることであり、問題解決、存在しない可能性を創り出すことでもあり、自分以外の人になることがどういうことかを学ぶことでもあり、すでにあるものから新しいものを創り出すことなのです。私たちの将来は、社会においてもこのような業次第で決まるのでしょうか？　芸術、音楽、病気の治療、新しい技術、計画、テーマ、そして詩、長編小説、歌のための言葉や遊びなどは、心的葛藤に対する分析と同じように、創造力のある遊びの中にこそ、その全てが根付いているといえるのです。それにも関わらず、今日のアメリカではあらゆるレベルの社会が結束して、子どもを遊びから遠ざけようと画策しているのです。

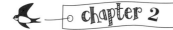

chapter 2

売り切れ

商業主義、テクノロジーと創造的な遊び

　私は数年前にソウルで開催された幼児教育者の協議会で、インドの非常に貧しい村の子どもたちを撮影した短編映画を観ました。この映画の製作責任者である若い映像作家は、韓国の古風な児童遊戯・歌・物語協会の代表のHaemoon Phyenで、彼は自分が子どもの頃はこの映画のような遊びをしていたとコメントしていました。彼は、現在自国で見られる遊びには自分が子ども時代に記憶していた、喜びに満ち創造性にあふれた奔放さが欠落していると感じ、その調査を国外でも行ない、殺風景なインドの貧しい村で探し求めていたものを見つけたのでした。

　私は日常的な貧しさとそれによる苦労を軽視したりしているわけではありませんし、それが子どもたちにもたらす恐ろしくて大きな犠牲の重大性を軽んじているわけでもありません。映画の中の子どもたちは、不毛の大地のごみの中から棒や石ころを拾い出してはおもちゃに変え、彼らの遊びの豊かさはみまごうことのないものでした。私たちのようにデジタル時代に浸っていると、プヘイエン協会とその活動使命は風変わりで古風なものだと簡単に片づけてしまいがちですが、彼の仕事と実際とには痛切な関係があり、その全てが前向きな考え方なのです。遊びが子どもの健康や幸福に大きな影響を与えるのはその通りですが、かつて子どもにとって遊びは当たり前の余暇活動であったはずなのに、もはやそうだと断言できなくなりました。私たちはこの変化の影響を過小評価すべきではないと考えています。遊びは、創造性、共感、批判的思考、問題解決、そして意味づけの能力の発達に非常に重要な役割を果たしているから

です。

　では、どんなことが問題なのでしょうか。私たちは子どもに遊びを生み出す時間、場所、そして道具を提供するための、道徳的、倫理的、政治的、そして社会的な義務を負っているのではないでしょうか？　私たちの遊ぶ能力は生まれつき持っているものですから、当然そこには発達が関わってきます。それ故、今や私たちが子どものごっこ遊びの機会を確保するために、意図的な努力をしなければならないのは不思議ですが、そうせざるを得なくなっているのです。それが現実です。今日の子ども時代は、私たちが意識して広く受け入れている社会的規範に抵抗するか、それらを変えるために行動するか、もしくはその両方を行わなければ遊びとそこから得られる重要な利益は失われてしまうからではないでしょうか。遊びはもはや主要な文化に支えられていないだけでなく、ますます蝕まれ、弱体化しているのです。

　多くの社会的な問題の大部分がそうであるように、進行しつつある遊びの消滅にはいくつかの要因があり、その全てに対処する必要があります。公園や遊び場などの公的支援の不足は、子どもが屋外で遊べる場所が少なくなることを意味しています。

　また別の要因として、一部の地域で言われている、子どもが外で遊ぶのは危険であるという問題があります。子どもが安全に遊べる地域に住んでいる母親たちでさえ、学校から帰宅した後に子どもが一緒に遊ぶ相手がいないと言っているのを繰り返し耳にします。そのため、近所の子どもたちは皆、必要に迫られてなのか自主的になのか、放課後の体系的な学童プログラムに参加しているのです。

　公立の学校では必ずしも十分とはいえない資金を工面しながら、数学、読解や科学などに目標を定めた教育で優秀な生徒を生み出すために、考え方の学習よりも暗記学習を必要とする試験に合格させることに全力を注いでいます。教育委員会は「試験のための教育」に囚われ、休み時間、体育、芸術、音楽や演劇などの遊びと創造性を育むプログラムを犠牲にしているため、貧しい地域では幼稚園から遊びが削られてしまったのです。幼稚園においても文字や数字の

暗記などの学術的スキルを教え込むことに焦点を移し、遊びは姿を消しつつあります。そのため主なアート活動は、あらかじめ切り抜かれた七面鳥、落ち葉、クリスマスツリー、燭台などを工作用紙に貼りつけるだけの作業になっているのです。

　特権階級の子どもたちが創造的な遊びに費す時間は、過密すぎるスケジュール、高度に体系化された活動、チームで行うスポーツなどの強化クラスによって失われています。それに対し、貧しい子どもたちは長時間テレビを観て過ごしています。その大きな原因は、安全な公園や遊び場などへの交通手段が難しいからです。ウォールマート、Kマートやターゲットなどの大型店で見られる安いおもちゃのほとんどは、メディアで放映された番組の販売促進製品で、メディアを宣伝するためのものなのです。

　子どもを幼少期から商業化された文化－とりわけ電子メディアやそれを売り込むマスメディアーに夢中にさせてしまうと、彼らが独自の創作を産むための自然な衝動を妨げてしまいます。規制（締め付けや道徳）が解かれた商業主義と電子メディアの急増はメディア技術の発達の相乗効果と相まって、企業には利益をもたらしますが、子どもの遊びには大きな損失を与えています。

　さて、この先話しを進めるに際し、私は技術革新反対主義者でもテクノロジー恐怖症でもないことを断っておきます。私は心理学者として、そして子どもを楽しませる人間として、大人になってからの人生の大半を、難しい問題を抱えている子どもがそれを話せるように手助けすることを狙いとした番組の製作に費やしてきました。若い頃はボストンのテレビ番組に定期的に出演し、テレビ放送される公共事業のキャンペーンの仕事にも携わってきました。他にも「ミスター・ロジャーズ・ネイバーフッド」に時折ですが出演し、その制作会社と共に人種差別や児童虐待などのテーマに関するビデオ教材も制作して、晩年のフレッド・ロジャースに指導を受けるという幸運にも恵まれました。その時はまだ、映像メディアが害のあるものだとは思っていなかったのです。しかし、子ども向けのメディア産業とそれを売り込むマーケティングは、子どもの健康と幸福への実質的な脅威ともなり、今や深刻な問題となっています。

ある研究によると、思慮に富んだ映像メディアは創造的な遊びのきっかけにもなると報告しています。実際、私自身も子どもの時は、何時間もごっこ遊びをしてきました。そう考えると、私の仕事もテレビや映画によってもたらされたのだと言えなくもないのです。私はテレビでシリーズ化された古い映画で、現代のスーパーヒーローの先駆者でもあるフラッシュ・ゴードンにこころを奪われ、夢中になっていたこともありました。フラッシュ・ゴードンと ピーターパンの両者が、私のごっこ遊びを創造させたのです。やがて天職、ないしは使命となった私の腹話術への興味は、6 歳の時に腹話術の名人ポウル・ウィンチェルと彼の人形のジェリー・マホニーを小さな画面で観たことから始まりました。大人になってからは、バール・ティルストゥルムの「クララ、フランとオリーのショー」の古い映像を観て、私のパペットの一つであるカタリオンという名の男の子ライオンは、ティルストゥルムが創作した「オリバー・J・ドラゴン」のオリーがモデルになっていることに気付いたのです。

　もし、1950 年代からの番組を復活させることができれば、私は子どもの生活が良いものになると主張しているわけではありません。1950 年代からの番組自体は多種多様な文化的固定観念と、卑劣なマーケティング手法を伝達手段としていました。ピーターパンに出てくるまぬけな引き立て役のインディアンの人物描写は、ディズニー映画でもテレビ放映の舞台劇でも人種差別そのもので、ウエンディは作り笑いをする弱虫でした。最近私は、「フラッシュ・ゴードン 火星への旅」を見て、昔の特撮やストーリーに笑いながら懐かしい時間を過ごしました。それは 1930 年代に映画館で上映され、その 20 年後にはテレビでも放映されましたが、たった一人の黒人のキャラクターがもったいぶった召使であったり、女性のメインキャラクターであるデール・アーデンがスーツにハイヒール姿で発進したり、しょっちゅう気絶したり金切り声を上げて、ヒーローが何かするたびに（ヒーローのどの動きにも）、息が絶えそうな「フラッシュ！　ああ、フラッシュ！」と甘い声で囁いていたのは見ていて滑稽でした。「ククラ、フランとオリー」のキャラクターたちは番組の中で、ウィールプール、ライフマガジンと RCA などを宣伝していて、それは最初に子ども

たちをテレビ現象化した「ハウディ　ドゥディ」も同じでした。[4]

　そのようなわけで、私が子どもだった頃の映像メディアの内容が良いもの
だったとは言えませんし、いくつかの観点では悪いものもありましたが、今と
比べれば随分少なかったのです。今日、子どもたちが目にする映像メディア
は、テレビや映画だけではなくなりました。MP3 プレイヤー、携帯電話や個
人用の DVD プレイヤーなど、あらゆるメディアで子ども向けのコンテンツが
用意され、自宅、レストラン、学校、小児科の待合室、ミニバンの後部座席、
飛行機、そしてスーパーマーケットのショッピングカートなど、どこにいても
映像メディアに支配されているのです。現在の映像メディアは、子どもが移動
中のちょっとした時間に狙いを定めて作られているとニッケ・ロデオンの役員
は説明し、「ニコロデオンは子どもがいるところならどこにでもあるのです」
と皮肉を言いました。セサミワークショップの関連会社の代表である J・ポー
ル・マーカムは、テレビ番組を携帯電話にダウンロードできるようヴェライゾ
ン社と契約したことについてコメントし、子どもに人気のあるメディア企業が
子ども向けの携帯電話を販売することをを推奨していると主張しました。更に
次のように付け加えています。「しかし、移動中の利便性は無視できません。
親たちは後部座席にいる子どもに電話を手渡すことができます。家族がどこに
行く時も電話を携帯しているからです」と。ニューヨークタイムズ紙によれ
ば、今や携帯電話は子どもをあやすための新たなガラガラなのです。

　今日の子どもがいかに商業ベースのメディア文化に支配されているかを理解
するために、あなたが知っている子どもたちを思い浮かべてみて下さい。子ど
もたちは電子メディアにどのくらいの時間を費やしていますか？　そのほとん
どは商業ベースですか？　2 歳から 8 歳までの子どもは、学校から帰宅後、平
均して週に約 40 時間はメディアと「繋がって」いるようなのです。

　テレビは未だに子ども向けの宣伝の主要な犯行場所ですが、さらにインター
ネット市場にもそれが拡大しています。ニコロデオンのウェブサイトである
ニックドットコムは 2004 年の 7 月から 2005 年の 7 月までの間に 960 万ドルの
利益を上げました。これは大人向け子ども向けに関わらず、他のどのウェブサ

イトより多い広告収入です。カイザー・ファミリー協会の財団が子どもたちをターゲットにした食品会社の 77 のウェブサイトを調査したところ、これらのウェブサイトは 2005 年の第 2 四半期に、2 歳から 11 歳までの子どもたちから 1220 万件以上のアクセスがあったことがわかったのです。実際、デジタル技術は私たちが考えているよりはるかに複雑化しています。というのも、今やテレビとインターネットが併合して全く新しいメディアとして生まれ変わり、子どもを対象としたマーケティングの場となっているからです。

　映像の内容に関わらず、それが子どもの生活を支配している時は、創造性、遊び、ごっこ遊びなどの価値を高めてはくれず、むしろ脅威でしかありません[11]。もし子どもが絶えず画面の前にいたならば、その映像から引き起こされるかもしれない考えや感情、発想を慎重に熟考し、想像を膨らませる時間はいったいどこにあるというのでしょうか？　ある研究では、子どもが自己や自我を育てて想像する時間が充分にあれば、彼ら自身がそれを記憶に留め、やがて自分の脚本の範疇を超えて感動させ、一人歩きするであろうと示唆しています[12]。

　私たちの余暇時間の活動における想像や創造的な遊びに取って代るものが映像メディアである場合、ラジオを聞いたり読書をしたりするより創造と想像力を生じさせにくくさせます。読書は私たちに聴覚と視覚イメージの両方で想像することを要求しますし、ラジオも音を提供しますが、常に物語がどのようなものか想像することを必要とするからです。映像メディアはそれら全てを私たちに代わってやってくれる上に、内容を覚える手助けもしてくれるのです。それはある子どもにとっては学びの恩恵となるかもしれませんが、創造と想像力の促進に関しては破滅的なことです[14]。

　問題をさらに悪化させているのは、番組をオンデマンドで提供する DVD、MP3 プレーヤー、携帯電話、TiVo、家庭用ビデオレコーダーが同じ番組を繰り返し視聴させることで、子どもたちがそれをあたりまえのことと認識してしまうことです。いつでも子どもが望む時にアクセスすることで、お気に入りのキャラクターや物語の世界に入り込むことができます。実際、子どもたちは番組をそっくりまねするようになりますが、これはごっこ遊びの損失の原因とも

なります。もし、私たちがお気に入りの本を繰り返し読んだとして(良くない
とは思いつつ、止められない私の楽しみの一つでもあります)、私たちはキャ
ラクターがどんな目をしているのか、どんな声をしているのかなどをこころに
描くために、想像力を使う必要があります。しかし、私たちのイメージは時間
とともに変わるかもしれませんし成長するかもしれません。

　ところが映像メディアでは想像する必要がないのです。私が子どもの頃、フ
ラッシュ・ゴードンの映画はテレビでシリーズ化されてはいましたが、時折放
送されるだけでした。ディズニーのピーターパンはテレビで見ることはでき
ず、テレビ向けに改作されたブロードウェイの舞台が年に一度放送されるだけ
でした。子どもたちは画面で見た物語とキャラクターに関する自分たちの不確
かな記憶にだけアクセスすることができたのです。ピーターパンの映画が作り
上げた世界に浸りたいという私の欲求を満足させることのできるたった一つの
方法は、それを自分で構成することでした。ある意味、私は遊ばなければなら
なかったのです。その過程で、私は自分のネバーランドを創り出すことができ
たのです。

　もし、私がピーターパンを毎日のようにテレビで見ることができたなら、私
はまちがいなくそうしたでしょう。けれど私にはその選択肢がなくてよかった
のです。というのも、自分の記憶の中の筋書やキャラクターなどが永久に刷り
込まれている物語は、何も想像する必要などないからです。

　1977年にスターウォーズ三部作の最初の一作目が公開された時、家庭用ビ
デオプレーヤーは未だ普及してなかったので、今日の30代の若者は地域の映
画館で上映期間中しか見ることができませんでした。1983年に三作目が公開
された時はビデオテープレコーダーが普及していて、映画の公開から一年後に
ビデオが販売されました。子どもが映画やテレビ番組を繰り返し視聴すること
が可能になったのです。スターウォーズは今ではあたりまえとなっている、お
もちゃを通じて映画を宣伝する手法の先駆けでした。

　1984年には、米国連邦通信委員会(FCC)が子ども向けテレビの規制を撤廃し
たことで、許諾製品の販売目的で子ども向け番組を制作することが可能にな

り、それから一年も経たないうちに、ベストセラーのおもちゃの10製品全て
が映像メディアと何かしらの関連を持っているもので占められるなど、[15]ごっこ
遊びにとって新たな脅威となりました。今日、過剰なまでにメディアと繋がり
を持ってしまったおもちゃは、創造的な遊びを抑制する新たな商業現象になっ
たのです。[16]

　20年後の2004年には、スポンジボブ・スクエアパンツに関連した食品、お
もちゃ、衣料品などがニコロデオンに15億ドルの利益をもたらしました。[17]6
歳以下のアメリカの子どもの97%は、人形、動物のぬいぐるみ、アクション
フィギュア、寝具や衣類など、何かしらのメディアキャラクターがついた物を
所有しています。[18]食品からおもちゃまで、メディアキャラクターやロゴがつい
ていない子ども用の製品を見つけることは、どんどん難しくなってきていま
す。子どもの本ですら、しばしば多くの場合はメディアと結びついています。
「私の3年生の息子が、ハリー・ポッターのシリーズのマッド・アイ・ムーディ
の絵を描いたの。本は読んでいたけど映画は観ていなかったわ。学校で女の子
がその絵を見て、『間違っている』と指摘したらしいのよ。私はそれを聞いて、
マッド・アイ・ムーディは造られたキャラクターだと説明したわ。あなたが想像
するものに正しいも間違いもないって。だけど彼はわかってくれなかった」と
ある母親が私に言いました。「ああ、そうさ。だけど彼女は映画を観たんだ
よ！」そう言って彼はため息をついたそうです。

　マッド・アイ・ムーディの絵を批判した女の子は、その絵が下手だと言ったわ
けでも、彼のイメージしたキャラクターが彼女のイメージと違うと言ったわけ
でもないのです。彼女はそれを「間違っている」と言ったのです。有名な子ど
も向けメディアの研究者であるダン・アンダーソンによると、「子どもたちは
メディアのイメージに愛着を持つようになります。［ブランドの製品を買うた
びに］、あなたは子どもの愛情の一部を巨大企業に引き渡しているのです」と
言っています。[20]私なら「あなたは子どもの想像力も企業の関心事に引き渡して
しまっているんじゃない？」と付け加えたいところです。

　かつては自己表現の道具だったものが、今では子どもたちにメディア番組や

その関連商品を常に思い出させるように計画されています。メディアキャラクターを模したおもちゃは、それに無関心ではいられなくなるように仕組まれた「筋書」へと子どもたちを誘導しているのです。[21]

　テレビや映画を見てごっこ遊びをする子どもたちは、画像で表現されたキャラクターのイメージを変えることに抵抗を感じていることに気付きました。

　メディアからなじみのあるキャラクターを与えられなければ、子どもたちはパペットで様々な人格を創り出すでしょう。しかしその後はまた、テレビや映画で見るキャラクターを正確にまねることに固執するのです。たとえば、クッキーモンスターのパペットはいつもクッキーモンスターであり、クッキーを食べ尽くす以外のことはほとんどしません。

　大人も同じです。私が子ども向けのパペットのワークショップを開く時は、いつも参加者が使うためのパペットを持っていきます。私が何年もかけて集めたパペットのほとんどは、一般的な動物や空想上の生き物ですが、映画やテレビ番組のキャラクターもいくつかあります。参加者がパペットを通じて話し始めると、私はいつもそのキャラクターを創造的であると感じますが、それはそのパペットがクッキーモンスターやテレビのキャラクターでなかった場合に限ります。彼らが扱うメディアキャラクターの人格は、テレビで見るそれと少しも変わっていないのです。このようにメディアに関連するおもちゃは、とりわけ子どもたちが話しの筋書きを覚えるほど繰り返しその番組を視聴した場合には、彼らの想像力をさらに鈍らせてしまうものなのです。

　キャラクターに加え、番組の中で使われている小道具も販売されていて、それが更にごっこ遊びを妨げています。ハリー・ポッターファンの子どもは、詳細に模されたレプリカがおもちゃ屋で手に入れば、棒を魔法の杖に変えるために想像力を働かせる必要はなくなります。これらのおもちゃは大々的に宣伝され、子どもにも大人にも、「これは子ども自身が創作したものより優れているだけでなく、それを持っていることで映画も楽しめる」というメッセージを発信しています。もはや子どもたちはそれなしでは遊べなくなるのです。

　映像メディアから生まれた商品を身に付けている子どもたちに対し、それに

よる影響力を過小評価するのはまちがっています。それはテレビを見る時間を制限している親の子どもやテレビの内容を理解するには幼すぎる子どもに対しても同じです。最近、ヴァージニア州のシャーロットヴィルで、2歳の娘がいる母親と話しをしました。彼女は娘にテレビを見せたことはありませんでしたが、最近親戚と海辺で過ごした休暇中に、その娘は始めてニコロデオンを見たというのです。家の中にいた子どもたちがテレビを見ていたため彼女も見てしまったとのことでした。「娘はあまり真剣に見ていないようだったわ。でも、家に帰ってから彼女がドールハウスに新しいキャラクターを加えたことに気付いたの。ニック・ジュニアよ。ニック・ジュニアがこれをした、ニック・ジュニアがあれをしたって…。ニックドットコムなんて名前のキャラクターも創り出していたわ。まだ続いているの。ビーチに行ったのは一か月も前だっていうのに」とその母親は言いました。

　私は、電子メディアはキャンディやジャンクフードと同じだと考えるようになりました。それらを食べると喜びをもたらしますが、食べすぎては身体に良くありません。またそれは癖になりやすいのです。電子メデイアには子どもの健康と幸福に必要なものは何も含まれていませんから赤ちゃんには勧められません。食べ物がジャンクフードで占められてしまったら、赤ちゃんの成長と発達に必要な食べ物が摂れなくなってしまうからです。ジャンクフードが子どもの体に及ぼす影響はそれぞれ異なりますが、楽しみな食べ物である一方、子どもに必須な栄養素が得られるとは限らないのです。子どもにいったんキャンディを与えてしまってからそれを食べることを制限するよりも、食べることを先延ばしにする方が簡単です。このことはメディア消費に関しても同じだと考えています。

　もちろん、商業文化が創造的な遊びを蝕むこのやり方は、映像メディアと関連するおもちゃを使った手法だけではありません。コンピューターチップが埋め込まれた多くのおもちゃも同様です。これらのおもちゃは現代の技術の恩恵を受け、声、音、動作があらかじめ組み込まれています。そしてこれらのおもちゃが子どもたちの創造、探索、問題解決、自己表現、意味づけなどの非常に

重要な経験を得る機会を減らしてしまっているのです。

　私はかつて一度だけ、コンピューターチップが内蔵されていることを知らずに、オンラインで幼児向けの人形を購入したことがあります。それが届いてはじめて、バッテリーがその人形を笑わせたり、泣かせたり、喉を鳴らしたりさせることに気付いたのです。実際、その人形はバッテリーなしでは瞬きすらしませんでした。それらの操作を行うのに必要なハードウェアが、人形の胸を厚く硬く、そして重くしており、小さな子どもが抱っこするには適していなかったのです。その人形は幼い子どもにとって良いおもちゃではなかったため、愛情を込めて抱きしめることもできませんでした。子どもがただ人形を眺めるだけではなく、人形に話しかけたり、泣いたり、喉を鳴らしたりさせるたびに、その声、人格、音などを子ども自らが想像する行為そのものが重要だとは考えられていないのでしょう。その人形が子どもの空想の世界に何ももたらさないと気付いてからは、私は自らの良心にかけてもそれを幼児に与えることはできないと感じました。そこで私はひょんなことから、芸術家である友人にその人形をプレゼントすることにしました。もしかしたら、ちょっと変わった方法で、何か新しい物を発想してくれるかもしれません。

　さて、2005年のホリデーシーズンに発売されて流行したおもちゃに、アメージングアマンダという人形がありました。その人形にはマイクロチップが内蔵され、朝食のシリアルをねだり、マイクロチップが付いたマカロニアンドチーズのお皿を渡されると、「ママったら、おかしな人ね。それはマカロニアンドチーズよ」としゃべることができたのです。人形の内部には時計も組み込まれ、時間や年度の区別もできましたし、要求に応じて微笑み、面白い顔や悲しい顔をするようにプログラムされていました。また、電子装備されたピザを認識することもできました。アメージングアマンダはニューヨークタイムズ紙に「電子技術の驚異」と評され、その年のトップセラーのおもちゃの一つとなり、テレビやニックドットコムのようなウェブサイトでは大々的に宣伝されました。アメージングアマンダがかなり売れたために、翌年にはアマンダの姉のアメージングアリソンが売り出されました。しかし、その年のホリデーシーズン

の流行のおもちゃは、アマンダによく似たコンセプトのコンピューターが内蔵された仔馬のバタースコッチだったのです。アリソンが売れなかったのは当然ですが、実はアメージングアマンダには問題があったのです。と言うのも、アマンダと毎日遊ぶのはそれほど楽しくはなかったのです。

アマンダのプロミング化されたリアクションは、子どもが自分の声でしゃべってアマンダの声や反応を作り上げていくという、子どもの想像力を試す機会を奪っていることに他なりません。アマンダに何ができ、どのようにそれを実現させるかを想像して楽しんだ大人もいたでしょう。しかし、それで遊ぶ子どもはどうだったのでしょうか。8歳の娘にアメージングアマンダを購入したある母親の話はこうでした。「クリスマスプレゼントの箱を開けた時はとても興奮していたわ。数日間はそれで熱心に遊んでいたけど、その後はばったり遊ばなくなってしまったの。時々取り出すのだけれど…。実はね、今では私たちはアマンダのことを、ウザイアマンダって呼んでいるの」

応答をプログラミングされたおもちゃを1つか2つ持っているだけならば、子どもの空想の世界への脅威はそれほど大きくありませんが、問題なのはあらかじめプログラミングされたおもちゃで占められてしまった場合です。「うちの4歳の娘は質素な昔のおもちゃは好きじゃないの。彼女はコミュニケーションできるおもちゃが好きなのよ」とある母親は言いました。しかし、アメージングアマンダのように"コミュニケーション"するおもちゃは、本当のコミュニケーションをしているわけではなく、そのコミュニケーションは対等ではないのです。おもちゃは活動的である一方、受動的でもあります。アメージングアマンダの制作者は子どもがアマンダで遊ぶことを、「遊びを通じて子どもを導いている」と述べています[25]。しかし、幼児の頃から適度に遊ぶ機会が与えられた子どもは、おもちゃに「導かれる」必要などないのです。

ブランドを信用しそれに依存して頼ることなく、自然に成長、発達する子どもたちの能力への不信感を助長するこのような宣伝広告は、珍しくありません。前述したように、ニューヨークタイムズ紙はアメージングアマンダをおもちゃの大躍進だと評したのですから…。しかし、児童発達の専門家たちはまど

わされることなく、むしろ非常に懐疑的でした。数日後、タイムズ紙は幼年期の子どもたちの同盟のエド・ミラーの手紙を発表しました。その中でミラーは非常に洞察的に、「人形はいつでも子どもの想像力によって"話し"、"感情を表す"ことができます。その言葉や感情は世界の中で育んできた子どもの経験から生まれてきたものであり、音声認識ソフトウェアにプログラミングされ、録音されたコミュニケーションによる筋書からではありません」と指摘したのです。同盟のディレクターであるジョアン・アルモンは、「良いおもちゃとは、90％が子どもによって、10％がおもちゃによって成っているものだ」と述べています。おもちゃに交流機能が加われば加わるほど、子どもが創造的に考えたり、解決策を考えたり、自発的に行動するのに費やす労力は少なくなります。そしてまた、子どもがそのおもちゃから得る利益も少なくなるのです。

　単に空想上の生き物のぬいぐるみで遊んでいる子どもが、年齢、性別、声、人格、動きや種別などを選びながらキャラクターを作り上げていく一連の遊びこそ、想像力を働かせるのです。このぬいぐるみという生き物に衣服を着せることで、性別の選択はしなくてすむはずです。たとえば、生き物がバレエのスカート、軍靴、または冠を付けると、ぬいぐるみの役の選択が限定されます。また、エルモなど特定のメディアのキャラクターを表しているぬいぐるみは、人格を作り上げる機会が失われてしまいます。コンピューターチップで機能強化された言葉を発するエルモの場合は、子どもたちから声を作り上げる機会や、特定のキャラクターを想像する状況、彼らが創り出す反応などを奪ってしまっているのです。チキンダンス・エルモ、ホーキィポーキィ・エルモ、YMCA・エルモなど、特定のメディアキャラクターが自動的に動いて音を出すおもちゃは、子どもが遊びから得られる貴重な経験全てを奪ってしまいます。

　私は 2002 年に「悪を映して：ナチスの想像と近代芸術」という展示会を見るために、ニューヨークシティのユダヤ博物館を訪れたことを「Consuming Kids（消費される子どもたち）」の中で書きました。最も論争の的となった展示物は、ズビクニエフ・リベラの「レゴ強制収容所」でした。一見、ごく普通の鮮やかな色の箱とその隣にある構造物は、終わりのない創造的な楽しさを思い

起こさせます。現代のレゴと同じく、好きなように創作できるブロックの集まりというよりは、キットとして製作された物であることは明らかでした。箱の写真は隣にある建造物と全く同じで、箱の中にはその建造物が作れるブロックが収められていました。初めは何かの砦か、現代の軍用キャンプ施設のようにも見えたのですが、よく見るとナチスの強制収容所で、やつれた収容者を表す骸骨のようなフィギュアまで入っていました。

　展示会のレヴューには、強制収容所を子どもの遊び道具として描写するのは非動な行為であると書かれていました。確かに、子どもたちが楽しむために強制収容所のモデルを作るという観念はぞっとします。何人かの批評家たちは、リベラは素晴らしいおもちゃを"汚した"と非難しました。実際私は箱の横に、芸術作品としての保証はしかねる旨のメーカーの表示があることに気が付きました。さらに私は、どのように子どもの遊びを制限したらいいかについて関心を持ちました。それ故、このレゴセットは強制収容所を描くと同時に、ブロックから組み立てられるただ一つのそっくりな構造物であるという主張で独裁的でした。組み立てるおもちゃと芸術の題材がキットとして売られている現状は、子どもの創造的な表現の機会を奪い、創造的表現に暗い影を落としていたのです。レゴを使った創作が子どもたちにとって素晴らしい創造的経験であったことはまちがいないのですが、強制収容所を作るためのブロックキットは創造的な遊びを育むというより、決められた経験をその通りに行うことを助長しているように感じました。他の組み立て式のおもちゃと同じように、現在のレゴは自由に組み立てられるブロックというより、その多くがキットとして売られています。色鮮やかな箱と同梱の取り扱い説明書は、「正確な」ブロックの組み立て方を指示しています。最近私が出会った子どもたちの多くは、この指示通りの作り方に固執します。

　私が7歳のアニーと病院の遊戯療法室の床に座っていると、彼女はリンカーンログの箱に手を伸ばし、その中身を床にぶちまけたのです。ログ本体に加え、セットにはプラスチックの屋根が一つ、戸口が一つ、窓枠が三つ、そして、3つの異なる構造物を造るための詳細な作り方が記載された説明書が含ま

れていました。1930年代のオリジナルのリンカーンログのセットには、ログだけが入っていたのですが…。初期のこのおもちゃには窓やドアの開口部がありましたが、キットには部品として完成された装備品が付いていなかったため、どこにでも入り口を作ることができました。レゴと同じように、今のリンコルン　ログの製品も何種類かの建造物を作れるというより、作るものが限定された説明書のみが付いています。

　不安げに説明書を見つめていたアニーは、その中の一つを再現しようと試みて最後に屋根をてっぺんに置きました。しかしそれは合いませんでした。つまり、アニーは説明書通りのものを作れなかったのです。自分で考えて自由に創ったらという私の提案は受け入れず、彼女は再び説明書通りに組み立てようとしましたが、結局同じものはできませんでした。子どもの創造力を充分に考慮したセットであれば、様々な種類の大きさの部品を入れておくべきなのに、このキットには説明書に描かれた構造物を組み立てるのにぴったりの数のログしか入っていなかったのです。

　もし、生まれた時からセットになったキットと電子のおもちゃ、あるいはメディアに関連したおもちゃしか与えられなければ、子どもは想像力、実験、発想力、あるいは創造的な問題解決といった身に付けなければならない課題を楽しんだり、向き合ったりする機会を失い、私たちはそれらの課題の達成をするための挑戦を与えることを止めてしまったことになります。遊びが商業化された結果、私たちは子どもが想像力に富む遊びをする能力に疑いを感じ始めているのです。また私たちは、子どもが自ら建設的な活動を創り、生み出す能力が失くなっていると考えるようになっています。子どもが生まれつき持っている直観は十分ではなく、その直観を建設的に働かせるためには、企業が販売するものが必要だと考えるようになっているのです。

　子どもからごっこ遊び、もしくは決まった解答のない遊びを奪うことは、想像力と創造的思考の能力を発達させる機会を奪うことになります。最近、私は小さな子ども向けの美術館を訪れました。そこは創造的な遊びを刺激するような素晴らしい展示であふれていましたが、私たちが芸術療法室に入った時、子

どもたちがあらかじめ切り抜かれた紙の木の枝にボタンを貼り付けて絵を作っているのを目にしました。不思議に思った私が、「なぜもっと自由な体験をさせないのですか」と尋ねると、館長は「既に試しました。子どもたちは与えられた素材で何をしたらいいのかわからなかったのです」と悲しそうに言いました。子ども美術館のような施設でさえ、自由な創造性に関わるスキルや意欲を持たずに訪れる子どもを相手にしていることに私は当惑しました。そのため、施設側も自由な活動を提供しなくなり、子どもたちは創造性や自己表現の機会を失っているのです。

　もし、私たちが問題にはひとつの解決法しかないという反応性、適合性、そして考えを助長するような体験に支配された現代の子ども時代を作りだしているのだとしたら、リベラのレゴ強制収容所は不吉な前兆であるかもしれません。創造的な遊びは多角的な思考、独創的に考える能力、問題に対する慣習を超えたアイデアや解決策を導く創造力を育むものです。このような多角的な思考は国家統制主義（全体主義）にとっては脅威ですが、民主主義にとっては必須です。

　もし、私たちが生まれた時から子どもたちの創造的な遊びの機会を制限してしまったら、子どもたちは新しいアイデアを生み出す方法、既存の規範に挑む方法、あるいは自分自身の創造性を大いに楽しむ方法などを知り始めることすらないでしょう…。厄介なトレンドを伴う商業文化の中で最も厄介なものは、生まれた瞬間から赤ちゃんを画面に釘付けにするためのメディアとマーケティング業界の総力をあげての宣伝です。危機に瀕しているのは、人生に必須であるスキルの発達に他なりません。その必須のスキルには娯楽を生み出すために自分自身に目を向け、ストレスに苛まれた時に自分自身を癒すための能力も含まれているのです。

chapter 3

赤ちゃん詐欺

乳幼児用ビデオ教材の効果に関する嘘

　私が1歳8か月のマーリーちゃんのベビーシッターをしていた時、母親の姿が見えないことに気づいたマーリーちゃんが立ち上がり、"なんでこんなことが"という怒りの表情から悲しみの表情に変わって「ママ！　ママ！」と泣き始めました。「ママとパパは、ディナーに出かけたけれど、じき帰ってくるわ」と私は言いましたが、彼女はまた大粒の涙を流しました。ところが次の瞬間、「ママ」というすすり泣きをやめ、泣きながらも「大丈夫よ、大丈夫」と母親の口真似をし始めたのです。

　赤ちゃんが自分をなだめるのを見て、私はびっくりしました。自分を慰めるため内的に持っているものを使う能力、つまり「大丈夫よ」とあやす声を自らが使うことで母親との記憶を呼び起こす、この能力こそが孤独や絶望に対処するための天賦の能力なのです。親にあやされたことのない人は、このライフスキルのない人生を送らなければなりません。そのためストレス時に気分を紛らわせるために、食物、アルコール摂取、薬物摂取などといった衝動的な行動をしてしまうのです。

　しかし最近の赤ちゃんには、愛情深い両親に育てられていても、自分で自分をなだめる能力が獲得できなくなっている新たな脅威がさし迫っています。その原因はビデオやDVD、コンピューターソフトなどで、これらは特定のキャラクターやテレビ番組などを宣伝するだけでなく、赤ちゃんをターゲットにして生涯にわたる習慣や価値観、および行動を左右するからです。これらの商品を売る企業は赤ちゃんをテレビに依存させ、赤ちゃんが健全な発達に必要な経

験をどんどん遠ざけてしまいます。テレビばかり見ているうちに、自分で自分をなだめたり慰めたりする能力が獲得できなくなってしまうのです。このように現代は、テレビ画面がないと退屈で仕方ない人間を育てざるを得ない状況になっています。

　放送局や広告会社は親たちに、赤ちゃんのためにも子育てのためにもテレビは有益だと思いこませてきました。しかし近年の科学研究では、親と赤ちゃんどちらにとっても有害なことがわかっているのに、あまり問題にされていません。T・ベリー・ブラゼルトンやアルヴィン・F・プーセイント、およびデービッド・エルカインドといった有名な学者たちの警鐘にも関わらず、赤ちゃんに関係したメディア業界は急成長し続けているのです[1]。

　アメリカ小児科学会（AAP）は、2歳以下の子どもにはあまりテレビやビデオを見せすぎないよう勧告しています[2]。それでも半数の親たちは、幼児用ビデオは子どもの発達に良いと考えているのです[3]。実際、2歳以下の90%の子どもが1日1時間半以上[4]、14%の子どもが2時間以上テレビを見ており[5]、3か月児の40%が1日に45分もテレビを見ているのです[6]。そして1歳未満の赤ちゃんの19%のベッドルームにはテレビが置かれています[7]。

　アメリカの子どもたちは人気キャラクターの番組を見るのが大好きですが、親は勉強のために見せたくないと思っています。アルファベットから礼儀作法まで何でも教えてくれる視聴覚教材は、毎年何十億ドルも売れ続けています。フィッシャープライス社の「楽しい電話ごっこ」の赤ちゃん電話は、電池で動く携帯電話のようなおもちゃですが、やはりアルファベットから礼儀作法まで何でも教えてくれます[8]。これらの視聴覚教材を売り込むためには、親の2つの弱点を突くのが良いようです。一つは、親が子どもの勉強のことを心配している点、もう一つは、親自身がストレス過剰であるという点です。ひとり親家庭や共働き家庭の親たちのストレスは特に強いようです。マーケティング戦略としては、この2つの親の弱点を利用しない手はありません。親が視聴覚教材を有効だと思うほど、その子どもはテレビを見せられています。テレビが学習に良いと信じている親の76%が毎日子どもにテレビを見せていることが、国勢

調査からもわかっています。[9]　他方、テレビが勉強に悪影響を与えると考えている親の 48% は、子どもに毎日テレビを見せていません。他の調査では、子どもにテレビを毎日見せている親の 28% が、教育のために良いと考えており、20% の親は、テレビをベビーシッター代わりにしていることを示しています。[10]

　無数にある教材ビデオやコンピューターソフトが本当に子どもに良いならば、働き過ぎでストレス過剰な親にとっては大助かりです。しかし本当は子どもに有害だという点が問題なのです。ビデオ教材が子どもに良いという証拠はないのです。[11]

　子どもにとって本当に良いことは、親や周囲の人と関わること、そして自分の五感を使って周囲を探索することです。しかしテレビを見る時間が長い子どもほど、人と関わり、周囲を探索する時間が減ってしまうという研究報告があります。1 時間テレビを見せることで 3〜5 歳児では 45 分、それ以下の幼児では 52 分も創造的な遊びをする時間が減ってしまうことが報告されています。[12]

　心理学者のジャン・ピアジェは 1 歳までを、五感と身体運動の協応の学習が主体である期間として、「感覚運動期」と名づけました。ハイハイやよちよち歩きができるようになると探索範囲は拡大しますが、もっと大きい子どものように、言葉や抽象的思考で周囲の環境を理解する能力は未だ発達していません。

　3 歳のマックス君が 12 か月の妹のアンナちゃんと夕食を食べています。マックス君のお皿はプラスチック製でカップには蓋がついていますし、食べ物は両親が細かく切ってくれているので、しばらくの間なら静かに食事をしていられます。一方アンナちゃんは、父親の膝に抱かれて前歯でクラッカーを噛んでいて、他の食べ物も用意されています。しかし彼女はスプーンでテーブルを叩いたりするので、手の届く範囲に他のものは置かれていません。マックス君はもうフォークで自分や他の人を刺したりはしないので近くにそのようなものがあっても大丈夫ですが、アンナちゃんはスプーンを噛んだり、塩の瓶に手を伸ばそうとしたりして止められています。マックス君は親に色々と質問をします。たとえば、何でレタスは緑なの、おじいちゃんの髪の毛はどこいっちゃっ

たの、体の中に何があるのなど。

　赤ちゃんは成長するにつれて遠くのものにも手が届くようになるため、1歳ごろになるとアンナちゃんのように皿やコップは遠ざけられてしまいます。さらに歩けるようになると、貴重品や壊れやすい物などは片付けられ、赤ちゃんのために安全な部屋に整えられます。また、赤ちゃんが遊びながら噛んでも大丈夫で、何度落としても壊れないものだけが手の届くところに置かれるようになります。

　よちよち歩きで触ったり舐めたりして色々と探索するようになると、親にとっては楽しいものの、気の抜けない発達段階となります。しかし、やがて赤ちゃんはイメージで考え、言葉で表現したりできるようになり、実際に触らなくても満足できるようになっていきます。つまり、見えるものを触ってみたいという衝動をコントロールできるようになるのです。探索欲求は持続しますが、想像して考えるだけでわかるようになり、直接ものに触る代わりに親に質問します。その頃になると、熱いストーブに触るとどうなるかなどが予測できるようになります。

　アンナちゃんがコップをひっくり返したり、食べ物を手づかみするたびに手を叩かれたらどうなるでしょうか？　また、マックス君が質問した時に誰も答えてくれなかったり、質問するたびに笑われたらどうなってしまうでしょうか？　さらに、マックス君の周囲がコンピューター機器だらけでそれが楽しくて質問する暇もなかったとしたら、どうなってしまうでしょうか？

　アンナちゃんも成長してセルフコントロールができるようになれば、何でも触ったりせずに質問するようになっていくことでしょう。遊びの中で探索が十分にできてさえいれば、アンナちゃんもマックス君も疑問に感じたことを考え、自分で答えを導き出せるようになります。たとえ疑問に思ったとしても、思考と言語の繋がりの発達によって実際にやってみなくても解決できることが多くなっていきますが、何に興味を持つのかはその子次第です。

　2007年春に、幼児の学習で有名な研究グループが、子どもの学習に関するそれまでのエビデンスを発表しました。その報告によると、子どもは周囲の探

索を通じて知識を得ていく、いわゆるアクティブな存在であるとされていました[13]。子どもは遊びを通して、アクティブラーニングに必要な技能を身につけていくのです。全ての子どもにとって、遊びはなくてはならないものです。

　子どもをテレビの前に座らせておけば、テレビ視聴の習慣がついてしまいます。幼児期のテレビ視聴時間が長いほど、成長するにつれ、より長い時間視聴するようになります[14]。2歳前に好きなだけテレビを見させてしまうと、成長すればテレビを我慢できなくなってしまうことは容易に考えられますし、研究でもそのような結果が出ています。暇つぶしやベビーシッター代わりにテレビを見させられていた子どもは、成長してもテレビがなければ過ごせなくなってしまうのです。テレビを見ることを習慣化してしまうと見ないようにするのが難しくなることはどの親も知っています。「パパ、前はテレビを見せてくれたのに、どうして見てはいけないの！」となってしまうのです。

　どんな子育てが最適か確信を持てない親たちにとって、今の自分の行動が子どもの将来にどう影響するか確実な予測をするのは困難です。電子メディアは激増しており、広告会社は子ども市場に毎年170億ドルも投資していることを考えれば[15]、子どもが巣立つまでテレビを見せないことが親のストレスになることは予測できることです。

　テレビ視聴は子どもの創造的遊びの時間を減らすだけではありません。3歳前のテレビ視聴時間が長いほど、6歳時点の算数と国語の成績が悪くなることがわかっています[16]。また、幼児期にテレビを長時間見ていると、学習を阻害する睡眠パターンが引き起こされることも研究結果として出されています[17]。また、修学前児の肥満リスクは、テレビ視聴1時間につき6％ずつ増加しますし、もし子ども部屋にテレビがあるとそれだけで子どもの肥満リスクが31％も増加するのです[18]。子どもの肥満率は、1日4時間以上テレビを見る子どもたちが最高であり、1日1時間以下しかテレビを見ない子どもたちは最小になっています[19]。さらに、3歳前にテレビを見れば見るほど、小学生になったときのIQや成績は悪くなり、いじめをしがちになるとのことでした[20]。

　飢饉や貧困、病気や虐待、および戦争といった災厄が子どもたちを脅かすの

は恐ろしいことです。しかし、そういったこととは無関係な子どもたちでさえ、テレビのせいでその後の人生に必要なスキルや習慣を身に付けづらくなっているのは悲しいおかしな事態です。わけのわからない教育用語や特殊効果で飾られたコマーシャルだらけのテレビの視聴は、制限しておいた方がよさそうです。

　私は著書、「Consuming Kids（消費する子どもたち）」の中で、1998 年に公共放送サービスが放送した初めての赤ちゃん向け番組、イギリスのテレタビーズが赤ちゃん向けビデオ産業の成功をもたらしたことを書きました。テレタビーズには様々な根拠のない宣伝が掲げられていましたが、特に幼児の言語発達を促し、子どもに遊び方を教え、最新技術に慣れ親しむのに役立つとされていました。[21]テレタビーズが証明したのは、いんちきなマーケティングでも儲かってしまうということでした。2007 年にはテレタビーズのライセンス商品の、幼児用おもちゃや洋服、小物類は、世界中で 10 億ドル以上の売り上げを記録しました。[22]このような経済的成功が、アメリカにおける幼児用メディアの運命を決定づけたのです。

　2001 年にディズニーは新生児にも教育効果があると宣伝していたベビーアインシュタイン社を買収しました。[23]その 5 年後、ディズニー社はベビーアインシュタインビデオシリーズが親たちに支持されていることから、リトルアインシュタインという、現在はディズニーチャンネルに含まれている幼児番組を制作しました。ディズニー社のマーケティング力を背景に、たくさんのライセンスおもちゃが作られて市場は活況を呈し、ディズニーの経営陣は、米国の 3 分の 2 の家庭がベビーアインシュタイングッズを購入していると豪語しました。2005 年に 200 万ドル程度だった売り上げは、2010 年には 10 億ドルになると予測されています。[24]

　ベビーアインシュタインのマーケティング戦略は、ブランド名から「三つ子の魂百まで」といったスローガン、さらには個々のビデオのタイトルにまで及んでいます。ベビーワーズワース「最初の言葉学習」とか、ベビーガリレオ「宇宙の探求」、また「数字の保育園」とか、ベビーダヴィンチ「頭から足先ま

で」といったビデオタイトルは、親たちにその内容が教育的だというメッセージを送っているのです。

　ベビーワーズワースは言語発達を促進するとして販売され、ベビーガリレオは夜空の星について教育し、また、「数字の保育園」は数を教え、ベビーダヴィンチは３か国語で体の各部の名称を教えるのです[25]。赤ちゃんの言語学習にテレビはあまり効果がないことが証明されていますが、それはこの際気にしないでください[26]。ブロックやニンジンやクラッカーを数えることで数字を覚え、自分の体を探索することで身体各部を学習するということも、ここでは気にしないでください。フランス語やスペイン語の学習においても、テレビは赤ちゃんの外国語学習の有効な道具でないことは明らかになっています[27]。最近のワシントン大学の研究においても、８か月から１歳４か月までの赤ちゃんに赤ちゃん用ビデオを見せるのは言語獲得に良くないことが示唆されています[28]。

　おもちゃ博士として有名なステファンヌ・アウアバック女史やおもちゃ業界の評論家たちは、1995年に設立されたリープフロッグ社が、「エデュテインメント」と呼ばれる娯楽と教育を兼ねた番組・映画・図書・ソフトなどのパイオニアだとしています[29]。リープフロッグ社は、ライセンスされた人気キャラクターをパソコンゲームにし、当初は４歳から８歳の子どもを対象とした教育用コンピューターゲームを作っていましたが、2003年には赤ちゃんもマーケットの対象にしました[30]。同社は今や、アメリカで第３位のおもちゃ会社であり、やはり独自のエデュテインメント商品を開発・生産している上位のマテル社やハズブロ社を脅かしています[31]。

　リープフロッグ社はマジックモーメントという赤ちゃん用のゆりかごを販売していますが、これは特に心配な教育玩具です[32]。新生児には最適な学習用の椅子とされていますが、実際赤ちゃんは座っているのではなく、約45度の角度で快適に横たわれるように設計されています。マジックモーメントが他のゆりかごと違う点は、動くたびに画面に変わる鏡が赤ちゃんの目の前の視界を遮るように付いており、学習を促進するというよりも制限してしまっている点です。そのゆりかごは次の様に説明されています。

とても幅広く心地よいゆりかごで、マジックミラーとアクティビティーバーが付いており、赤ちゃんは魔法のように学習できます。動物を触るたびに、マジックミラーはカラフルな映像を映し出します。赤ちゃんに聞かせる歌や物語、クラシック音楽によって、言語学習や読書能力、運動能力や触覚的探索も促進されます。赤ちゃんがキックすると歌や音楽が流れ、映像はピカピカ光ります。親は学習経験に合わせて３つのモードを選ぶことができ、オプションを付ければさらに効果的です。赤ちゃんをあやす３種類のバイブレーション機能を持つオプションも販売予定です。[33]

　赤ちゃんをテレビの前に座らせるとじっと画面を見つめるため、親は赤ちゃんがテレビの内容を理解していると錯覚してしまうという議論があります。しかし、赤ちゃんへのメディアの影響を調べている小児科医のディミトリ・クリスタキス博士は、アメリカ公共放送のインタビューに答えて以下のように語っています。つまり、赤ちゃん向けの番組は定位反射を利用していて、テーマを常に変化させ、フラッシュライトと音を使うことで、赤ちゃんをスクリーンにくぎ付けにしているのです。赤ちゃんは果たして画面の内容を正しく理解しているのでしょうか？　実際には何を見ているか分かっていないでしょう。赤ちゃんは常に変化するスクリーンに刺激を受けているだけなのですから…。[34]リープフロッグ社が赤ちゃんと外の世界との間にスクリーンを置いたのはぞっとすることで、そのマーケティング戦略も戦慄そのものです。ゆりかごのスクリーンを「魔法の学習時間」とするのは、スクリーン画面が探索や学習の機会だと主張していてひどいものです。赤ちゃんは目の前にぶら下がって揺れている人形を見るだけで、それを手で触って探索することはできないのです。それらは単にスクリーンを起動するためのものにすぎず、ライオンが画面上で動くと、抽象的な太陽の絵が画面上で点滅し、「黄色いライオン」「大きなライオン」「私のたてがみに触って」「ライオンは太陽に向かって吠える」などの音声が流れますが、リープフロッグ社はこれらの音声や文章は乳幼児期の言語発達や読み書き能力の発達を促進すると宣伝しています。しかしライオンの大きさ

は変わらないし、どれがたてがみなのかも説明されておらず、ライオンがガーオと吠えているという説明もないことを考えると、実体がわからない文章が、より年長の子どもにさえ教育的になりうるとは思えないのです。いずれにせよ、幼児の言語学習を促進するのはスクリーンに映るものではなく、実際の人間の声でしかありえません。[35)]

コンピューターが付いていないおもちゃは時代遅れとして廃れました。しかしそれらのおもちゃは、引いたり回したり押したりねじったりでき、目と手の協応に役立つおもちゃでした。ところがマジックモーメントは、乗せられた赤ちゃんがただ動くだけで、画面が変わったり音がしたりするのです。普通、遊びで満足感を得るためには何らかの努力が必要でしょう。ところが、ただ動くだけだったり叩くだけだったりすると、探索したり動かしたりする方法を探す余地は無いことになります。

最近、同僚の一人が1歳10か月の孫娘にクマのぬいぐるみをあげたときのことを話してくれました。「孫娘はクマのぬいぐるみの手を持って、お腹のところをずっと叩いているのよ。後でわかったんだけど、彼女は何とかしてそのクマさんを動かそうとしていたらしいの」

マジックモーメントには、親がゆりかごに座らせた赤ちゃんと遊ぶ方法が書かれたマニュアルが付いています。でも、揺られながらも自分の動きで変わる画面と音の変化に囲まれていては、赤ちゃんは親と遊ぶどころではないでしょう。ベビーアインシュタインも含め、多くのエンターテイメント教材にはリピート機能が付いており、[36)]親には2種類のメッセージが送られます。その一つは、その製品は赤ちゃんと一緒に遊ぶために作られているというメッセージ、もう一つは、その製品は親が一緒に遊ばなくてもいいというメッセージです。

先日、私がお気に入りのレストランで食事をしていた時、2組の家族を見かけました。どちらも食べることより周囲を探索することに熱心な段階の幼児期の子どもと両親の3人家族でしたが、子どもへの対応は全く異なっていたのです。

一方の家族は、赤いポータブル DVD プレイヤーを持ってきていました。彼

らの息子は食事中ずっと機関車トーマスに夢中で、母親が与える食べ物も上の空で食べていました。両親は息子に邪魔されずに食事を楽しんでいましたし、小さい子がいる家族にしてはめずらしく会話も弾んでいるようでした。

　もう一方の家族は、最初の家族ほど平和な食事ではありませんでした。こちらの子どもはレストランの中を探索するのに夢中で、親は交代で子どもの手を引いて歩き回っていました。その子はプラスチックのスプーンを片手で握りしめ、ケーキのショーケースに顔を近づけ、スプーンで母親に食べさせてあげる真似をしていました。母親が、「あら、くれるの」と言うと、子どもはほほえみながらウンウンして、もう一度同じことをしていました。「ウエ」と言って上の段を指さすと、母親は「そうね、ピンクのケーキが上の段にあるわね」と語りかけ、それから「シタ」と言って下の段を指さし、その後手を引かれてテーブルに戻りました。次は父親の番で、父親が子どもとショーケースで遊んでいる間に母親も食事を終えました。親が関わってくれたので、彼は遊びながらの探索で色や空間概念を学習できていました。

　自分のポータブル DVD プレイヤーを持っていた子はどうでしょう？　私は少し前に、アメリカのニコロデオンの「ブルーズ・クルーズ」という番組広告で同じような場面を見ました。また、「機関車トーマス」は想像力を伸ばすとされていて、「トーマスと友人たち」という公式ページには以下のような文章が書かれています。「トーマスのビデオを見ることで子どもは空想世界で遊べます。子どもは機関車と走りながら貴重な冒険をし、人生の教訓を得るのです。各巻ごとに、親子ともども楽しめます」[37]

　一日にトーマスのビデオを一話分しか見ない子であれば、創造性が育まれることもあるかもしれません。しかし、ほとんどの子どもたちは 30 分以上テレビを見ているのです。技術進歩とマーケティングのせいで、子どもたちは食事の時も、車の後部座席に乗って学校に送られて行く時も、飛行機の中でも、「機関車トーマス」や「ドーラといっしょに大冒険」や、「アーサーシリーズ」のような幼児番組を見せられてるのです。ニコロデオンの副社長は、「子どもは生活の中のわずかな空き時間を利用してメディアコンテンツを楽しんでいま

す。私たちは親が必要としていることを始めたのです」と語りました。テレビ局などが子どもたちを一日中テレビ漬けの生活に誘導してしまうので、番組内容そのものではなく、電子メディアの教育効果について考えざるを得なくなっています。

　レストランで食事をしている時にいつも DVD を見せられている子どもがそこから何を学習するのでしょうか？　おそらく刺激を得るために、周囲の環境の探索ではなくテレビ視聴することを学び、自分で楽しむ方法ではなく、楽しませてもらう方法を学ぶことでしょう。会話なんて退屈なので食事の時はテレビが必要だということや、食事の時は別のことをしながら食べるものだということを学ぶかもしれません。さらに、外出してまでテレビ画面を見せられることで失うものは何でしょうか？　きっと彼らは、自分で探索することを学ばず、何かを見つけたり問題解決した時の充実感も持てないでしょう。また、人間本来の知的好奇心をも失われてしまうかもしれません。さらに、「楽しみを遅らせる」能力を身につけるチャンスも失われてしまうでしょう。この「楽しみを遅らせる」能力は、目標を決めて頑張るときに必要な能力で、将来のために貯蓄する時にも必要な能力です。またテレビばかり見せられていては、自分の特徴も、自分は何が好きなのかもわからなくなるかもしれません。テレビばかり見ている子どもは、自分なりのやり方で周囲の環境と遊びながら関わるチャンスを逃しているのです。

　私がデパートで娘の試着を待っていた時、同じように母親の試着を待っている８歳ぐらいの女の子がいました。そのデパートでは全ての試着室の上にテレビ画面があり、それを見て試着している人を待てるようになっていました。しかし、その女の子の前のテレビは壊れていたのです。彼女はリズミカルに椅子にかかとをぶつけたりしながらしばらく待っていましたが、やがて立ち上がり、白黒の格子模様に敷かれたリノリウムの床の上をジャンプし始めたのです。黒の床のみに足を着くように石けり遊びのような遊びを考えついたようで、満足そうに遊んでいました。もしテレビが壊れていなければ、彼女もテレビを見て母親を待ったことでしょう。つまりテレビがあると、それを無視して

別のことをするのは非常に難しいのです。光や動くものを目で追うのは、我々人間の防御本能なのです。テレビが壊れていたため、彼女は一昔前の子どもが母親の試着を待っている時にしていたことをせざるを得ませんでしたが、彼女は自分を楽しませるために自分の能力を使ったのです。自分の心身で周囲の環境を利用して楽しんだのです。

　後部座席にモニター画面を装備した最初の車であるシボレーのミニバンの雑誌広告に、小さな子どもが画面を食い入るように見入っているシーンがありました。そのキャッチコピーは「ビデオは子どもたちの行動を変え、みんなが車の中で楽しめます」というものでした。広告会社は何十億ドルも使って、一方で子どもに車の購入をせがませ、親には手に負えない子どもをなだめすかす術を売りつけているのです。シボレーの広告には、「子どもたちを静かにさせるためにはテレビ画面に惹き付けておこう。痛いのは子どもたちのお尻だけ」という皮肉な文章が書かれていました。

　多くのストレスを抱えている幼い子どもを持つ親たちが、巷にあふれる宣伝広告を無視するのは非常に難しいことです。特にそれらの宣伝広告が、子どもが良い成績を取らなければいけないという親の最も心配な点を突き、ベビーシッター代わりのコンピューターは子どものために良いと信じこませ、親が罪悪感なく休息できるとしたらもう無視できません。

　幼児用教育ビデオが赤ちゃんのために良いという広告会社の主張がまちがいであっても、子どものための法人企業が「テレビは赤ちゃんのためになる」と言い始めたら、それを払拭するのは容易ではありません。かつてディズニーは、ディズニーブランドに生涯親しんでもらおうと赤ちゃん市場に乗り出しました。セサミストリートを作っているNPO法人のセサミワークショップも、0歳から3歳の子どもを取り込もうと赤ちゃん市場に乗り出しました。公衆衛生機関も幼児ビデオを作ろうとしています。ディズニーとの競合になっても、セサミワークショップが幼児用ビデオ市場に参入したことは特段驚くことではありません。赤ちゃんがビデオを見ると、出ているキャラクターに親しみ、それを見ると喜ぶようになります。セサミワークショップは2006年に幼児用ビデ

オで 46 億 8 千万ドルもライセンス料を得ており、法人の主要な収入になっています。新しいビデオを作るたびに一連のライセンス商品ができるのです。

　2006 年には市場に少なくとも 750 本の幼児用ビデオがあり、その数はねずみ算式に増えてきました。ディズニーの元社長マイケル・アイズナーは、チームベビーという大学のスポーツチームを利用して、赤ちゃんブランドのビデオを制作していた会社を買収しました。ベビープロという別の会社は、その会社のビデオを見た赤ちゃんは、将来、蹴ったり、投げたり、泳いだり、ダンスをしたり、サーフィンしたり、さらにはチアリーディングなども上手になるとしています。[40) その会社のウェブサイトの研究部門では、多くのビデオ会社が主張してきた「モーツァルト効果」(脚注)が誤解だと言っている以外、何の研究の引用もありません。ベビープロは、自社製品が生涯健康でスポーツをするための基礎を形成し、自信をつけさせると主張しています。

　主たる宗教も出遅れているわけではありません。キリスト教は「プレイズ・ベイビー・ビデオ」を使って赤ちゃんにキリスト教を広めていますし、ユダヤ教は「オウ・ベイビー 1」と「オウ・ベイビー 2」で、仏教は「禅ベビー」を用いています。そして、愛、共感、慈悲、および命の輝きへの喜びといった基本的な宗教教義（これらは本来養育を通じて身につけていくものですが）を短時間で赤ちゃんに教え込んでいるのです。

　ストレスを迅速に解決するためにテレビを見せたいという親の思いは、子どもが遊ぶ時間や空間を失くしてしまう色々な力（多すぎるスケジュールや外遊びの場所の不足、デイケアの不足など）はもちろん、教育哲学と組み合わされて創造的な遊びの脅威となっているため、私は絶望して「ぼんやりした赤ちゃん」とか「感動しない赤ちゃん」とか「飽き飽きした赤ちゃん」などといったタイトルの赤ちゃんビデオシリーズを作ろうかと思ってしまうほどです。しかし、私は赤ちゃんビデオ市場に押し潰され、遊びに背を向けてしまう前に、なぜ戦うのを止めてはいけないのかをもっと議論したいのです。創造的遊びがいかに子どもの幸福にとって必須であるかを話し合いたいのです。また、私が知っている子どもたちがパペットをどのようなキャラクターにして、そのパ

ペットでどのような遊びをしていたのか、さらにはそれをどうしたら残してい
けるのかについて、もっと話し合っていきたいのです。

脚注：私が見てきたベビービデオの多くは、古典音楽を聴くことが幼児の知的発
達を促進するとしています。しかし、これを証明した研究は１つもありません。
1993 年に、フランシス H. ラウシャーらが、「空間テスト成績への音楽の影響」と
題する論文を発表しました。その論文では、スタンフォード・ビネーテストを受
ける前にモーツァルトの音楽を聴いた大学生は、空間テストの成績が良かったこ
とを示唆していました。しかし、この結果を追認できたことはなく、それにも関
わらずベビービデオでは未だにこの論文を引用しているのです。

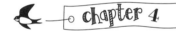

chapter 4

真実の愛

D. W. ウィニコットに恋して

　25年以上前、私は英国の小児科医で精神分析家であるD. W. ウィニコット
に心を奪われ、以来ずっと彼を愛しています。 彼が(1)既婚者で、(2)私たちが
親密になった時にはすでに彼が亡くなっていた、という点はひとまず置いて
おいてください。ウィニコットは、「ほどよい(good enough)」養育というほっと
する概念を私たちに与えてくれた人です。これは、健康で幸せな子どもを育て
るために親は完璧でなくても良いという考えです。また、遊びと創造性や精神
的健康との関係も指摘してくれました。

　私は1974年に大学院に進学しましたが、当時、私は子ども向けのエンター
テイナーの仕事で生計を立てていて、パペットで子どもと関われるのではない
かと感じてはいたものの、どうしたらよいかはっきりわからずにいました。そ
の頃、ボストン南部のヘッドスタートプログラム(アメリカ政府の低所得者層
の子どもへの育児支援プログラム)に参加し、言語発達が平均以下の4〜5歳の
子どもを対象に、パペットを使った遊びを一年間続けていました。その時子ど
もたちがオードリーダックという私のパペットに、親や歯医者のこと、死や怒
りについてとても親しげに教えてくれたことに驚きました。その頃から様々な
問題を抱える子どもの支援に、何らかの形でパペットを使えないかと考え始め
たのです。

　この年の春、私は「遊びと抽象的能力に関する学習コース」を取っていて、
勉強した何冊もの本には難しいことが書かれていましたが、そのほとんどが私
にとって全く意味のないものばかりでした。そのためウィニコットの「遊びと

現実」を読み始めた時はすでにあきらめの境地でしたが、最初の5章を1時間程度で読み終えた時はその内容をきちんと把握できなかったものの、あきらめの気持ちは希望に変わっていました。

　パペットを使った人形劇（遊び）を通して私が経験したことは、他の人にも説明が可能で重要なことだということしかその時は理解できず、それが何故なのかはわかりませんでしたが、パペットを用いた人形劇（遊び）を心理学的に考えるきっかけを与えてくれたのがウィニコットだったのです。なぜパペット遊びが治療手段として使えるのかを理解できなければ、パペットを子どもの成長や変化のために効果的に用いたり、パペットが引き起こす物語やテーマを意味あるものにしたり、色々な場面でパペットを治療的にどう使ったらよいかなどわかりません。私は「遊ぶことと現実」を購入しました、その本はお守りのように何年も私の本棚にあり、私をパペット療法士にしてくれた大切な本です。

　ボストンの小児病院でパペット遊びをしながら働き、スーパービジョンも何年も受け、さらに大学院に戻って博士号を取得しようとした時、再び「遊ぶことと現実」を読み直し、同時にウィニコットの他の著作も読んでみたところ、私の最初のウィニコットに対する直観が正しかったことが明らかになりました。彼の遊びや健康、および創造に関する理論は、私の何年もの経験が正しかったことを証明してくれました。また、パペット遊びの治療的意味合いと成長発達の原則を彼の理論が教えてくれました。ウィニコットの弟子が書いた「ウィニコットの言うことがわかるようになった人にしかウィニコットはわからない」という文章を読んで、まさにその時の私自身だったので失笑せざるを得ませんでした。

　著書の中でウィニコットは遊びについて語っています。健康や癒しを表現する遊び。本当の自分自身を表現できる遊び。創造のための遊び。遊び。えーっと、今私のパペットのオードリーダックが次のように語っているところを想像しながら、この文章を記述しています。

　　■オードリー：　準備オーケーよ。

私：　何の？

オードリー：　ウィニコットの理論の資料として私のことが必要になると思うの。

私(困惑して)：　資料じゃないわ。遊びと創造性、そして健康との関係についての解釈そのものよ。私は自分でその関係を説明したいの。

オードリー：　私はあなた自身よ。信じて。どんな状況でも私は役に立つわ。ウィニコットは私のことを好きになってくれるわ。ところで何で私たちはこの話しをしているのかしら。

私：　創造的な遊びについて人々が十分理解できれば、それがいかに重要なことかわかると思うし、そうなることを願っているの。

オードリー：　なるほど？

私(自分の熱意にびっくりし、笑いながら)：　そうなれば、想像力や創造性を育む遊びのための場所や時間をみんなが確保するようになるわ。

オードリー：　そうね？

私：　そうなれば、親たちも子どもが単に観察したり反応したりするだけの受け身の遊びなんかじゃなくて、自発的に関わる遊びをさせるようになるわ。

オードリー(意味深に)：　テレビやゲームのような受け身のおもちゃじゃなくって？

私：　ええ。

オードリー：　それで？

私：　子どもたちだってぞっとするような考えや感情を持つこともあるけれど、それを表現できるのは創造的な遊びの場だってわかると思うの。それにどんなに小さな子どもでも、激しく強い感情を抱くことも大人たちは理解すると思うわ。

オードリー：　それから？

私：　遊ぶ能力は大人が豊かな人生を送るのにも必要なのよ。

オードリー：　なるほど？

私：　社会のため、つまり民主主義がなくならないためには、子どもが創造的な遊びをするスキルを獲得することは、問題解決能力や協力する能力、共感する能力を獲得するのと同じく必須不可欠なのよ。

オードリー：　それから？

私(疲れて)：　もう充分じゃない？

オードリー：　そうね。私も単に反応するだけなんて好きじゃないわ。自分で考え

　　　　　　　るのが好き。オリジナリティーをもって創造し、感情を表現したい
　　　　　　　わ！
　私(驚いて)：　　そうよ。
　オードリー：　　でしょ。

　パペット遊びと個人的健康、および社会の健康などに関する私の考えはウィニコットから大きく影響を受けていますが、ウィニコットから影響を受けただけではありません。空想や心的世界についてはジグムント・フロイトが、驚異的な体験に対処したりそれをなんとか対処できると思えるようになるために創造的遊びが必要だ、と最初に指摘しました。彼の娘のアンナ・フロイトは、トラウマ処理のためにどのように遊びが利用されるかを究明しました。ジャン・ピアジェもトラウマ処理について記していますが、彼の場合には認知的側面からの解釈になっています。エリク・エリクソンは主にブロックでの遊びについて記し、どう遊ぶかにその子の葛藤やテーマが隠されており、それぞれのテーマはその子の発達課題を示していると指摘していました。このようなことを知りたい方は、この本の最後にある推薦図書を読んでいただくといいと思います。しかしパペット遊びがなぜ、どのように重要なのかについては、治療者としての私の長年の経験、および子どものころからパペットとの会話に夢中になっていたという経験が、逆説的に理解を深めてくれました。

　私がウィニコットに出会ってからかなりの時が経っていますが、彼が「遊びと現実」を著したのはもっとずっと前です。私の盲目的な熱中や愛情も、少しずつ客観的なものに変わってきており、そのためウィニコットの理論も時代の制約を受けていることがわかってきました。つまり、社会的養育という概念がなく、母親のみが養育者で、白人の中流もしくは上流階級が普通とされていた時代の制約を受けていたのです。そのためウィニコットは、自分が考えている子どもが社会の一員であること、つまり子どもによっては貧困が健康に大きな影響を与えていることや、育児方法に文化差があることなどを無視していました。しかしそのような限界があったにせよ、彼は親が完璧であるべきだとは考えず、「ほどよい(good enough)」で良いと考えていたのです。今でも私は、

ウィニコットの遊びについての考えこそが遊びそのもの、そして遊びの健康との関連や、創造性との関連、さらには創造的な遊びを許容する環境を理解するための基本的な考えだと思っています。

オードリー：	待って、待って！
私：	ナーニ？
オードリー：	創造性。創造性というところが引っかかるわ。 私たちみんなが芸術家じゃないし、(否定的に)私は自分が創造的だとは思ってない。私は私自身が創造された物だと思っているし。
私：	別に、芸術品を作ろうという話しをしているんじゃないわ。創造的（クリエイティブ）な生活について話しているのよ。
オードリー：	創造的な生活？　なんか金持ち向けの家具カタログみたいな響きね。
私：	私は創造性という言葉を、人生と関わって人生を有意義なものにするための何かを生み出す力として話しをしているの。何もはっきりしたものがない時に色々な可能性を想像する能力よ。問題を解決する能力。古いアイデアを考え直して新しいアイデアを作り出す能力。自分の経験を反映させながら成長していく能力。それこそが私たちが遊んでいる時に発揮していることだわ。
オードリー：	わかったわ、創造的に生活していきましょう！

　ウィニコットの理論には、子どもが幼少期から自発的に動け、安全でリラックスできる状況で十分に遊ばせようという考えが基本にあります。このことは、子どもを抱っこする時を考えると分かりやすいでしょう。きちんと抱っこしないと落ちてしまいそうで子どもは怖がって動くことができませんが、きつく抱きすぎては動くことができません。腕の中で動けるけれど落ちない程度の力で抱っこしてもらえば、自分がどう動けるかわかるようになり、そのうちジェスチャーもするようになっていくでしょう。ウィニコットは安全で、しかも動いたり表現したりできる環境を「抱える環境(holding environment)」と命名しました。これはすばらしい用語です。養育者の腕の中はそれこそ「抱える環境(holding environment)」ですが、概念からすると、家族も教室も、その他の人間関係も「抱える環境(holding environment)」になります。

次に、赤ちゃんに対する「適切な反応」と「不適切な反応」を考えてみましょう。

　まずは「適切な反応」ですが、赤ちゃんがジェスチャーなどに意図的な反応や個性的な反応をした時、私たちが赤ちゃんにニッコリしたり、ククッと笑ったとしましょう。このような反応は、創造性の発達に必要な二種類の赤ちゃんの変化を促しています。一つは、周囲の環境から自分と異なる反応があることで、自分と親が別の存在だと理解できるようになること。この自分が周囲の環境や人と異なるという認識は、健全な成長発達の基礎として必須のものです。この理解と同時に、自分の行動で親の愛情反応を引き出せればもう一つの変化である、自分は周囲から何か良いことを引き出せるという認識がもたらされるでしょう。

　不適切な「抱える環境」は、危険な環境や赤ちゃんが自発的に動けず行動を制限されてしまうような状況です。たとえば、赤ちゃんが何かしても誰も反応しない状況や、赤ちゃんがジェスチャーをすると怒られてしまう環境を考えてみましょう。さらに、「笑いなさい」とか「ああしなさい、こうしなさい」という指図ばかりで、自発反応をする隙も与えられない状況を考えてみましょう。そのような状況で赤ちゃんは自分がどんな存在か学べるでしょうか？

　ウィニコットは、ネグレクトの危険性のある場合や要求過剰な環境で育った子どもたちは受動的で、本当の自己ではなく「偽りの自己」を発達させてしまうと述べています。ウィニコットのいう「侵襲的(impinging)環境における服従」と「適切な環境での創造性」の違いは、「精神的な健康」と「病気」の違いと同じであると考えているのです。

　子どもが成長するにつれ、彼らの環境は安全な私たちの腕の中からどんどん広がっていきます。しかし、自発的、創造的に遊ぶための「抱える」環境は、物理的にも人間関係的にも必要であり続けます。彼らには物理的にも感情的にも安全で、窮屈ではないものの、危害から守ってくれ、探検したり実験できたりする余地が必要なのです。彼らは安全な遊び場という物理的空間が必要であり、自由に表現でき、同時に危険がないように限度を示してくれる大人と養育

的な人間関係が必要です。また遊びの中で、外からの刺激に反応するのと自分のアイデアを生み出すこととの違いを経験できるような、静かな考える時間も必要としています。

遊びはよく子どもの"仕事"と言われます。これは子どもの発達に遊びがなくてはならないものであることを強調するため、そして固定的で成果主義の大人の世界にその価値を認めさせ、遊びを促進させるためです。「遊びは面白そうなので無駄な時間のように思えますが、子どもたちは遊んでいる時にこそ色々なスキルを一生懸命獲得しているのです」と言うべきでしょう。

最近幼稚園に行って、「水で遊ぶ時は物質について学んでいます」と書かれた掲示物を見て驚きました。その他にも、特定の遊び(積み木、お砂場、着せ替え)などに、特定のスキルの獲得が関係することを示す掲示もありました。園長先生にその掲示について聞いてみると、自分の子どもが一日中単に遊んでいるだけではないかと神経質になる親のために掲示しているとのことでした。遊びを基本とする幼児教育がなくならないように、遊びは子どもの仕事と言う必要があるかもしれません。しかし実際には遊びと仕事にはいくつかの重要な相違点があります。

遊びは仕事の一部にもなりえます。仕事においても私たちがが楽しんで、アイデアや企画を考えたり、問題解決したりしている時には遊びは仕事の一部となっています。しかし、締め切りを決めたり、称賛を期待したり、利益を考えたりし始めると遊びの要素は消え去ってしまいます。仕事は結果が重要ですが、遊びは経過が重要なのです。遊びは遊ぶこと自体が目的であり、遊びに没頭する時こそ、逆説的に成長や発達に最も役立つのです。

遊びには動き(ロープ遊びを考えてください)や行為(遊びそのもの)、およびドラマ(役割演技)などを含みます。「抱える」環境の中で、ウィニコットの言ういわゆる、「夢の可能性」を遊びは生み出してくれるのです。私たちは自分の深層の願いや希望、および恐れや空想などを現実世界で生じるような危険を感じることなく遊びの中で表現することができますし、夢(もしくは悪夢)の中で、安全に色々なことを試すこともできます。さらに、理解不能だったり圧倒

されそうな経験に対処するために遊びを利用し、そういった経験を克服できるようになっていきます。そのようなことをしているうちに、経験および感情、そして自分と周囲を一貫したものとして統合していけるのです。セラピストはこのことを徹底操作と呼んできました。

　子どもは親がうんざりするほど何度も同じ遊びを繰り返しますが、これは子どもが何とかなるという感覚を獲得し、自分は有能な存在だと認識するために必要なことで、圧倒されそうな状況に対処できるようになるために遊んでいるのです。

　6か月の子どもの父親は、「うちの子は何回いないいないばぁをすれば気がすむんだろう」と言います。いないいないばぁは、好きな人や物が視界から見えなくなってもずっとなくなるわけではなく一時的なことで、また戻ってくるということを理解するために何度も同じことを繰り返します。2歳半のジェシカの母親はぼやきます。「ジェシカはいつも同じ遊びをするので、もううんざりです。ジェシカが母親役で私が子ども役。母親が幼稚園に子どもを預けて仕事に行き、仕事が終わると家に連れて帰るという遊びを何度も何度も繰り返すのです」彼女の遊びはいないいないばぁを発展させたもので、同じ原則が用いられています。つまり、彼女が幼稚園に置いていかれて一人になる状況を作ることで、置いていかれる苦痛を克服し、離別が永遠ではないことを再確認しているのです。時に子どもは生活の中の新しい要素を理解するために、同じテーマで色々なバリエーションの遊びを数か月間繰り返すことがあります。

　3歳のメーガンはそのうち自分がお姉さんになるという知らせを聞き、とても幸せに感じました。ところがしばらくして、彼女はお気に入りの赤ちゃん人形を持ってソファーから降りると、その人形の足を持って床に叩きつけ、部屋の向こう側に投げつけました。そして驚いている親の方を見てニヤッと笑い、「これ以上赤ちゃんなんていらないわ！」と明るく言い放ったのです。

　この話を知人の男性にすると心配そうな顔で、「本当の赤ちゃんにも同じことしちゃうんじゃない？」と言いましたが、私は心配してはいませんでした。

　赤ちゃんが生まれるという知らせに、純粋に喜ぶだけの子はとてもまれで

す。きょうだいが生まれることに対するメーガンのネガティブな感情反応も別に珍しいことではありません。立場が変わることに対する怒りや悲しみ、そして恐れなどの感情は小さい子どもにとって一般的な反応なのです。

　私はおもちゃを投げつけることを勧めているわけではありませんが、メーガンの行動は健康なサインだと思います。むしろ自分の感情を理解し、それに対処するために遊びを使える彼女の能力はすばらしいと思いました。誰も彼女にそうするように指示したわけではありませんし、プレイセラピーを受けていたわけでもありませんが、彼女は自発的に遊べるような環境で成長してきたということです。テレビも見なかったわけではありませんが、テレビが彼女の生活を占めていたわけではありませんでした。彼女の生活にはごっこ遊びをするための物やチャンスがたくさんあり、誰も自分の好きなように遊んでごらんと言ったわけではないのに、彼女は本能的にそうできることを理解していたのです。きょうだいが生まれることを聞いて何らかの強い感情を抱いたとしても驚くことはありません。私や私の同僚を喜ばせたのは、彼女がとても見事にその感情を表現したことでした。

　新しく妹を迎えるまでのその後の数か月間、メーガンの両親は彼女の遊びに十分つきあってあげました。彼女は母親役になって赤ちゃん人形を色々な所に連れて行ってあげたり、優しく授乳しおむつを交換したり、幼稚園に預けるといった遊びをしました。時には「赤ちゃんにイライラしたら蹴っとばしてやる」と乱暴なことを言ったりもしましたが、両親は一緒に遊びながら赤ちゃん人形を愛情深く優しく扱うお手本を示しました。誰だってイライラすることはあるけど、だからといって人を傷つけたりはしないというお手本を示し、メーガンを納得させたのです。新しく迎える赤ちゃんについて抱く空想や恐れなどの感情を、遊びで表現できるようにしてくれたのです。そのおかげで、メーガンはイライラに対処するスキルが獲得できたのです。

　母親の胎内で赤ちゃんが大きくなるにつれ、メーガンの赤ちゃんに関する遊びは発展していきました。彼女は母親役になってシャツの中に人形を入れ、一日に何回も出産を演じました。彼女と両親は人形のおむつ交換をしたり入浴さ

せたりもしました。一人になると、安全な場所で自分なりの方法で、赤ちゃんが生まれることについての多くの知的な、そして情動的な問題に対処していました。妊娠するってどんなこと？　どうやって赤ちゃんはお母さんのお腹にできるの？　自分が一人っ子じゃなくなるってどういうこと？　どうやって分けあったらいいの？　赤ちゃんにはたまに怒っても大丈夫なの？　自分の怒りにどう対処したらいいの？

　そして妹が生まれた時、メーガンはとてもやさしく挨拶し、私の友人が心配していたような攻撃をしたりはしませんでした。彼女は妹には優しく接しましたが時には赤ちゃん人形には手荒でした。彼女の赤ちゃんや出産についての遊びは妹が生まれてからはなくなりましたが、だからといって赤ちゃんにうらやましさや怒りを感じなかったわけではありませんでした。彼女は妹に対して少し乱暴な時もありましたが、ネガティブな感情は遊びの中で処理していたのでそれが実際の態度や行動に現れることはなく、親に彼女がどう感じているか話すこともできました。ここで仮に、誰もメーガンの遊びを促してくれなかったとしましょう。大人たちが忙しすぎたり抑うつ状態だったりして、十分な配慮ができなかったとしましょう。彼女が人形を投げてしまったことを叱ったり、妹ができることを無条件に喜びなさいと要求されたとしましょう。すると、彼女は怒りや妬みを抱えたまま、その感情に関する遊びをすることも、そういった感情があることを話すこともできなかったでしょう。また、何か嫌な感じを持ったまま、自分は恥ずかしい子どもだと思ってしまったかもしれません。さらには、叱られたためにどんな時も怒ってはいけないと拡大解釈してしまったかもしれません。すると、彼女は表面的には両親の思い通りの優しいニコニコした小さな天使を演じてしまうでしょう。

　このように自分の感情を表現できなかった子どもは、「偽りの自己」を発達させてしまうとウィニコットは言っています。そうなると、怒りの感情は内に秘め、外見はいつもニコニコしているような大人になってしまいます。いつもニコニコしているけれどどこか冷たく、本当の自分を隠しているような人を知りませんか？　また、怒ったり悲しんだり、恐怖におののいたりしてしまうよ

うな場面でもそういう感情を持ってないかのような人を見たことがあるでしょう。さらに、怒ったことなどなさそうな穏やかで明るい感じなのに、他人を平気で傷つける人を見たことがあるでしょう。

　もしも強い感情を表現させてもらえなかったとしたら、きっとその感情に子どもは圧倒されてしまいます。怒りを自己制御できるようになることも必要ですが、それ以前にその怒りを表現し、その感情を理解する必要があります。メーガンの両親は彼女が怒りの感情について十分に遊び尽くして理解できるようにし、さらに感情と行動の違いも教えてあげたのです。

　オードリーダックがイライラしている場面で、「頭にきちゃう、怒ってひっぱたきたくなっちゃう！」と言う時、子どもたちは聞き耳を立てています。そんな時私は、「怒ってもいいけど、ひっぱたいては（蹴っては、傷つけては）だめよ」と言うことにしています。そしてオードリーに、「ひっぱたきたくなるくらい怒ってるけど、ひっぱたいたりはしないわ」と言わせ、オードリーの怒りに理解を示しつつも、怒りの自己制御ができたことを褒めるのです。それによって子どもたちは自らの衝動を制御するお手本を見ることができますし、怒りを理解することも確認できます。

　遊ぶ能力は生得的なものですが、完全に依存的な乳児期から独立しようとするよちよち歩きの時期に養育者が育てていく能力でもあります。よちよち歩きの子どもの対応で難しい点は、子どもが親にくっついていたい欲求と離れて独立したい欲求を同時に持っているということです。このような依存から独立状態に移りつつある過渡期の子どもは、特定のぬいぐるみや毛布などに愛着を寄せて頼ることがあり、ウィニコットはそれを「移行対象」と名付けました。「移行対象」は眠りについたり、自分を安心させる時に必須のものです。実際子どもは「移行対象」を手放せないため、時には現実の親より重要と感じることすらあります。

　移行対象は他の人には何でもない物ですが、本人にとっては特別な意味があり、深い安心感を抱かせます。落ち着くためにどうしても必要な毛布などがその例です。子どもは毛布そのものを作ることはできないものの、特定の毛布に

特定の意味を与えることはできます。興味深いのは、そのようなものができると親もその意味を認めてあげるということです。

　この現象に文化差はありません。世界的に最もよく知られているのは、チャールズ・シュルツが描いた「ピーナッツ」という漫画に出てくるライナスの毛布でしょう。もしくは、1980〜1990年代にかけてビル・ワターソンが描いた「カルビンとホッブス」のカルビン君の移行対象であるトラのぬいぐるみのホッブスかもしれません。

　「移行対象」はたとえその子どもにとって貴重品でも、家族や友達からすれば単なる毛布やぬいぐるみにすぎません。しかしライナスやカルビンにとっての「移行対象」は、友達でも保護者でもあり、さらに救いの神になる時もあれば征服される敵になる時すらあるのです。つまり、「移行対象」は本人の内的経験と外的経験の交点にいるとも言えますし、逆にどちらにも存在するとも言えるのです。それはあれば安心でき、なければ大騒ぎになってしまいます。

　最近私が姪の家を訪ねた時、臨月の姪が急に病院に行くことになり、それまであまり親しくなかった姪の2人の娘と3人で留守番することになりました。2人は寝る時間までは本当に良い子にしてくれました。就寝時になり姉のサラが、妹エミリーはディーディという毛布がないと眠れないと教えてくれたので早速探してみましたが、どこを探してもディーディは見つからず、それからは長い夜に感じられました。エミリーはベッドに横になりながらも時々「ディーディ…、ディーディ…」と言っては起き上がるのです。姉のサラは悲しそうに、「エミリーはディーディなしじゃ眠れないの」と教えてくれました。仕方がないので私は2人の間に座ってあやしたり、家中を探したりを繰り返しました。最後にエミリーはディーディなしで寝付いてくれ、父親が帰ってきてディーディを見つけ出し、エミリーのベッドに置いてくれました。

　最近、保育専門家の同僚たちから、「移行対象」が少なくなっているのではないかという声をよく聞きます。一説には、親が「移行対象」の重要性を忘れてしまうほどストレスフルになっているとも、テレビが子どもを安心させるものになってしまっているのではないかとも言われています。また、12か月児

まではベビーベッドにぬいぐるみを置かずに寝かせた方が突然死を防げるという公衆衛生の勧めもありますが、この勧告は研究に基づいたものではなく、それが真実ではないことを祈らずにはいられません。

　ウィニコットは成長するにつれて「移行対象」は必要なくなるものの、「移行対象」が占めていた心的空間は残っており、そこで創造的な遊びが作られるとも言っています。このウィニコットの言う「移行空間」における幼児期の経験があるからこそ、大人になっても完全に内的とも外的とも言えない、両方に関わる経験ができるのです。十字架やダビデの星や国旗といった宗教や愛国心に関わる象徴は、物理特性以上の意味が与えられています。心理療法も現実と想像、現実と心的世界との交点で行われていると考えられます。つまり、心理療法家との話し合いは現実ですが、そこで話し合っている出来事とは別の現実なのです。心理療法家の応答という現実は、話しに出ている家族や友人の反応とは別の現実です。絵画や写真も、現実と非現実、外的現実と内的現実との交点で意味を持っています。たとえば、花瓶の花はその写真を撮った時にそこにあったという意味で現実ですが、その花瓶の花で表現しようとしているものは非現実です。芸術家も鑑賞する人も、その花瓶の花が表現しようとするものを作り出していますが、芸術家が作っているイメージと鑑賞者が感じているイメージは、それぞれの人の経験が違うので異なったものになります。

　子どもが成長するにつれてぬいぐるみや毛布は必要なくなり、引き出しに入れられたりしますが、その「移行対象」が占めていた心的空間は移行空間として残ります。同時に、内的でも外的でもある空間、現実でもあり非現実でもある空間、自分であって自分でないような空間、その空間で人は外的なものに個人的な意味を付与し、夢やアイデアを創造していくのです。それがあるからこそ創造的な遊びが可能であり、その移行空間でこそ自分らしく振る舞えるのです。

オードリー：	結局、遊びと私はどう関係するの？
私：	パペットは移行空間に存在するのよ。素敵ね。そして遊びの時には
	パペットはウィニコットの言う「抱える環境」にもなりうるわ。さ
	らに、パペットじゃなきゃ表出できないような感情を安心して表現
	できるの。
オードリー：	パペットだから安全なの？
私：	ええ、たいていはね。少なくともパペットの気持ちはあなたの気持
	ちでしょ、とか言われない限りはね。
オードリー：	ということは、私は本当のあなた自身？
私：	きっとそうよ。

　もちろん社会で生きていくためには、「偽りの自己」も必要でしょう。たと
えば「社交マナー」などはそういった「偽りの自己」の一つです。しかし、自
分が本当はどんな人間かわかっていれば、「偽りの自己」を持ち続けることも
できます。子どもたちに創造的な遊びができるようにしてあげることは、彼ら
に本当の自己を経験するチャンスを与えることになります。

　私たちは芸術家のようにではなく、遊びの中で現実を象徴する考えや物を
使って自分の本当の感情を表現します。メーガンが赤ちゃんの象徴として赤
ちゃん人形を使ったように。どんな芸術も遊びの中に生まれ、実際には現実世
界の物を使って表現されます。ウィニコットを引用すれば、「私たちは夢のた
めに遊ぶのです」。

　全ての芸術表現が遊びに基づいているため自己表現の手段となりうるので
す。私のパペットもそうです。どんな人もパペットを介することで安心して話
し、パペットを介さなくては表現しづらい感情も表現してくれます。これは大
人にも子どもにも当てはまるので、パペットはウィニコットの「抱える環境」
になっていると思われます。パペットは現実でもあり非現実でもある、そして
内的でもあり外的でもある安全な空間を提供してくれるのです。

　数年前に、ニューバンプシャー州の先生方とパペット劇（遊び）のワーク
ショップをしたことがあります。その時ひとりの先生がパペットを銀行強盗役
にしたので、私はそれぞれの先生に自由にパペットで会話してもらいました。

彼女は次のような会話を作りました。

> 銀行強盗：　銀行を襲っちゃおう。簡単だよ！
> 　先生：　そんなことないわ、捕まるわよ。スーザン・サックスを見てよ
> 銀行強盗：　そいつが馬鹿だったのさ。
> 　先生：　そんなことはないわ。彼女はフランス語のテストでAを取ったけど
> 　　　　　私はBしか取れなかった。

　実は、そのワークショップの前日に、銀行強盗に参加したブランダイズ大学の学生、スーザン・サックスが数年にわたる逃亡の末逮捕されていたのです。劇（遊び）を始めた先生は彼女と同じ大学だったので、その話しと個人的に深いつながりがあったのです。しかしその先生によると、自分が銀行強盗犯の逮捕を気にしていたことは、パペットにその役をさせて劇をするまで意識していなかったとのことでした。このように初対面の人に囲まれる場面では、パペット遊び以外でこのテーマが出てくることはなかったでしょう。

　このような例はめずらしいことではありません。最近、保育主任者研修のワークショップで、持参した5体のパペットにそれぞれ合うセリフを考えてくださいとお願いしました。教室は人であふれていたうえ、朝から晩まで行われたワークショップの午後の時間でした。最初の回答者が1体目のパペットのセリフとして、「昼寝が必要！」と言いました。それを言った人も含めてみんな笑っていましたが、瞬間的に自分の気持ちをパペットにしゃべらせたからこそ笑いが起こったのです。

　創造的な遊びはとても個人的で、それによって自己理解が深まり、さらに困難に対処できるようにしてくれることを理解するためには、何年にも及ぶパペット遊びの経験が必要でした。この経験のおかげで、何人もの子どもの様々な問題の解決に深く関わることができました。そのためここでは私がプレイセラピーで一緒に遊んだ子どもが色々な問題や関係を克服した事例を紹介しました。治療者は、特別な援助が必要な子どもを助けるのが仕事です。大半の子ど

もにプレイセラピーは必要ありませんが、子どもがひとりで遊んでいる時にも創造的な遊びと現実との関係は存在しており、遊ぶことは心理学的にも良いことなのです。ご紹介したエピソードが、治療者としての私自身の決断にどう影響したかを記してきましたが、だからといってこの本をプレイセラピーのハウトゥ本とは思わないでいただきたいのです。そうではなく、自己表現の方法や心理的健康のための道具として遊びが効果的であることを理解するための本と考えていただきたいのです。

　次の章でご紹介する子どもたちは普通の子どもたちですが、マイケル以外は非常に厄介な状況に対処しなければなりませんでした。お金はなくても仲の良い家族に囲まれて成長しています。しかし家族はひどいストレスにさらされていました。それぞれの子どもはパペットを使ってごっこ遊びをしながらすばらしい感受性を見せてくれました。プレイセラピーはその子ども独自のものですが、それぞれの状況をプレイセラピーに反映するという意味では人類普遍のもので、彼らはみんな自由にプレイセラピーを受けてくれました。彼らがごっこ遊びをやめるのも自由でしたし、時には少しの間だけ遊んだり、また再開したりということもありました。彼らの生活に関する非常に個人的な、そして時には怖ろしい考えや感情を表現し探索していくためにパペットを利用してくれました。そして彼らのプレイセラピーの過程には、間違いなく喜びと解放感が含まれていたのです。

　これらのエピソードは、それぞれ遊びの重要な側面を示していると思いご紹介します。つまり、現実世界における対処モデルを示してくれるという側面、そして限界を示してくれるという側面、パペット遊びの中では本当の自分自身でいられるという側面などです。また、プレイセラピーにおける治療者の行動や価値観が子どもにどれほど影響するかという側面もありました。

　私がご紹介した子どもの何人かはとてもつらい経験をしており、読者の方々が対応している子どもとは違うと思われるかもしれません。しかし、彼らも本質的にはほかの子どもと何ら変わりはありません。何らかの問題を抱えていてプレイセラピーを受けただけなのです。どんな子どもにも大小色々な悲劇は訪

れます。それらの困難を克服するためにも内的なリソースを開発するチャンスが与えられることは、全ての子どもにとって必要なことなのです。

　子どもとはセラピストとクライアントという関係でしたが、私が養育者や教師の役をすることもあり、それらの役をしながらも子どもが自発的に遊べるようにし、できるだけ指図はしないようにしました。ただ私はパペットを用いて子どもが難しい問題について考えたり、人種差別や虐待などの問題に取り組む助けとなるようなストーリーを展開しました。

　パペット遊びはあまり用いられないごっこ遊びの手段ですが、唯一の手段というわけではありません。人形劇（遊び）、お絵かき、砂遊び、ブロック、物語なども自己表現や自己探索のための有力な手段です。私が主張したいのは、私と同じようにしてくださいということではなく、子どもたちを複雑で感受性豊かな存在として敬愛するために、ご紹介したエピソードを利用していただきたいのです。さらに、ごっこ遊びが生得的なリソースであることを理解するために、また、ごっこ遊びができるような環境や人間関係を子どもたちにより多く与えられるように利用していただきたいのです。

Part 2

ごっこ遊びとその意義
問題に対処するための遊び

マイケル

不安や恐れを克服するための遊び

1967年、私はヴォードヴィル界に身を投じました。それまでの30年間、ヴォードヴィル界は活気がなく廃れていましたが、そんなことは全く気にも留めず、若さ故の楽観主義と現実無視に後押しされて大学を中退し、有名な腹話術師であるスージー・リンのように自分自身を売り込んだのです。

私は地下鉄に乗って3つの停車場を過ぎ、ボイルストンとトレモントストリートの十字路へ向かいました。そこはボストンとはいえゴースト化したヴォードヴィルが未だに残っている、マザーグースの遺跡がある古い墓地の向かい側でした。私は毎週、期待に胸を膨らませながら、アダムスとソーパーの事務所や、ジェームス・T・ケネディの事務所、手品師や歌手、コメディアンのブッキングエージェントを、様々な外国人ダンサーと一緒に訪ね歩きました。

私に最初の仕事を与えてくれたのは(彼らの名前は扉には記載しませんでしたが)、ジェームス・Tと彼の姉妹でした。私は、ジョーダンマーシュ クリスマスキャラバンの役者や芸人、演奏家の一座と旅をしながら3週間を過ごし、クリスマスまでの間ボストンやその周辺に住む貧しい子どもへパフォーマンスを行いました。私はついに演芸という大海原へ乗り出したのです！

ショーは成功しました。私たちはパットというディキシーランドのバンジョー奏者と共に演技をしました。彼はカンカン帽を被り、しゃれた赤いジャケットとストライプのパンツを履いていました。オードリーダックと私は舞台上でよろけ、折り畳み式の花を使った手品で観客を沸かせました。私たちの次

に、サミー・ライマン、Stripe-O the Clown(後の代表的な仕事はストライプ歯磨き粉のコマーシャル)らと彼が作ったバルーンアートでした。その後、ルース ティングレー シーバリーは、ラインストーンをちりばめたアコーディオンの伴奏で熱のこもったクリスマスキャロルを歌い、ショーのラストには、サンタクロースに扮したパットが子どもたちにプレゼントを配りました。

　このショーは私の記憶の中で一つのきらきら輝くイベントとなっています。そしてそれは私を支持してくれた観客たちも同じ思いだったと思っています。さて、私たちが何時間も車で移動している間、私は後部座席で乗り物酔いと戦っていました。乗り物酔いの原因となった香りは、サミー・ライマンのタバコの煙と昼食後の出し物であるサンタクロースのひげ用の整髪料の香りでした。ツナと少し古いマヨネーズのつんとする臭いは、私の意識をすぐさま、当時「知能遅れ」と呼ばれていたマサチューセッツ州の人たちの記憶へと導きました。ひとつ、忘れられない記憶があります。それは、ボストンシティ病院に入院中の死が近づいている白血病の小さな男の子の姿です。彼の瞳はまるで誰かに殴られたかのように暗く、その様子は物憂げであり、私はわずか1時間の演技のためにふらっと遊びに来るだけでは、彼にとって不十分なのではないかという気さえしていました。

　私はパットを避けましたが、サミー・ライマンとルース ティングレー シーバリーとはかなり仲良くなりました。サミーはガールフレンドに会うために、私をボストンのダウンタウンの北に位置するリビアビーチに連れて行きました。彼のガールフレンドは23歳で名前をフェリカ・ベールといい、ストリッパーでしたが、当時は出血性潰瘍のために仕事を休んでいました。海の近くの小さなキッチンで、彼女はアドバイスをしてくれたり自分の経歴を話しながら、私たちにマッツォを作ってくれました。「あなたはいつだって踊ることができるわ」と元気よく言いましたが、明らかに彼女は私のことを知らなかったのです。

　ツアーの途中、ルースはボストン海軍工廠で私をランチに連れ出しました(彼女の亡夫は海軍の軍人でした)。彼女と彼女の妹は、アコーディオンを弾

き、一緒に歌い、コロニアル風の衣装を身に付け、白いおしろいを叩いてかつらをつけ、私が切望する演劇生活を送っていました。

そして、海軍に囲まれたボストン港の高台で、彼女はサウザンアイランドドレッシングのかかった自分の冷たいレタスに被いかぶさるかのように真剣に身を乗り出したのです。彼女は完璧なお化粧をしていましたが、彼女の誠意を隠すことはできませんでした。「決して、ショービジネスの男とは結婚してはダメよ、スーザン。彼らはあなたを汚すわ！」その日、彼女は私に言いました。

私にとって、ジョーダンマーシュ　クリスマスキャラバンでの卓越した軽喜歌劇の経歴は私のヴォードヴィル経歴の絶頂で、ボストンの劇場地区の中心部にあったバー、"ジャックス"での興行に始まり興行に終わったナイトクラブでの芸人としての経歴より数週間以上も長かったのです。

しかしこの時点で、私は伝統的なショービジネスの世界には向いていないことに気付いていました。私は社会的責任における家族のルーツから逃れられず、何か役に立つことがしたいと思っていました。

そこで、その中核としてパペットを利用することにしたのです。国の機関やクリスマスの時期に病院を訪ねたという経験は、それから約 10 年後に子ども病院でのパペットセラピストとしての仕事を始めるきっかけにもなっていました。

一年後、私はヴォードヴィルに見切りをつけ、私とパペットの進む道を探して悩んでいました。当時は、Mister Rogers' Neighborhood という番組が放送を開始した頃でもありました。その番組は子どもにとって本当に重要な問題を扱う際、パペットとファンタジーを使うという非常に驚くべき手法を用いていたのです。番組自体は小児発達のレッスンでしたが、私が一番興味深く感じたのは、身近な人のふりをすることでした。フレッド・ロジャースは恐れや空想（幻想）、浴室の排水溝に落ちるといった不安から、家族に新しい赤ちゃんが加わるといった不安に至るまで、発育上の問題に向き合う子どもたちを援助するために、意識的にテレビやパペット遊びを活用していました。

それに刺激を受け興味を持った 19 歳の私は、2003 年にフレッド・ロジャースに資格証明書を同封した手紙を書いてピッツバーグへ飛び、それから彼が亡

くなるまで深く大切な関係を築いたのでした。私は彼の番組に定期的に出席し、ビデオプログラムを作る彼の事務所で働きました。そのビデオプログラムというのは、親が精神疾患を患っていたり、がんの治療後の復学など、複雑な問題を抱える子どもたちを支援するためのものでした。一番やりがいのあった仕事は、人種差別や偏見、多様性などの問題を抱えていた1～3年生を援助するために立案された9編のシリーズでした。

実演やパペットを操って演技することを盛り込んだテレビで放送された話が示すように、調査に基づいたこれらのビデオは、向社会的行動－心理学の専門用語である"モデリング"－を促す良い手段となりました。

パペットや向社会的行動を促すために特別に創られた空想上のキャラクターを主役にした演出(上演)は、とりわけストーリー中の教訓がその後の(そのストーリーに関する)話し合いや活動に活かされるならば、子供の行動に大きな影響を与えると考えています。

私が以前出版した「Consuming Kids(消費する子どもたち)」という著書の中で、子どもの行動に影響を与えるものとして、パペットや演劇、メディアがどのような働きができるかについて、私の理解に極めて重要な経験と関連づけました。私はこの仕事を始めた頃から、パペットを使ったパフォーマンスにおいても、中傷に関する内容を扱おうと決めていたのです。そこで私はオードリーダックというパペットに、カタリオンという名前の別のパペットを"まぬけ"と呼ばせ、カタリオンの傷ついた気持ちと、オードリーの後ろめたさや罪悪感について話しをすることにしました。公演はまずまずのスタートでした。オードリーはカタリオンをあざけるような声で「まぬけ」と呼び、それを何度も繰り返しました。子どもたちはパペットに釘付けでした。しかし、その後、私はひとりの子どもが小さな声で「まぬけ！」と言ったのを聞いたのです。すると別の声も加わり、一年生全員がカタリオンをまぬけと呼ぶ声を聞いたのです。これは予期せぬ反応でした。

この出来事で、子どもたちがいかに実際の生活や遊び、そしてメディア－良い意味でも悪い意味でも－で見たことを真似て行動することが多いか、私は思

い知らされました。子どもたちと遊ぶ時、私はいつもパペットをどのように操るかに気を配っていました。たとえば、私はパペットに、注射されることや医療処置を受けることに関して、子どもが抱いているイヤな気持ちを遠慮なく言わせていました。しかし、パペットはいつも医師や看護師の味方でした。彼らは殴ったりかみついたり人の名前を呼んだりしませんが、自分の感情を持ち、識別し、彼らが好むこととそうでないことを明確に表現しました。子どもたちをごっこ遊びに参加させることは、しばしば過酷な状況に向き合う彼らを助ける手段として、非常に貴重なことだと考えています。このような遊びは、日常生活で批判的言語に対処する子どもたちの助けとなっていることを心に留めておくことは大切なことです。人生には、重い病気や入院、あるいは家庭内の変化などに問題以外にも困難な時期があります。一般的な成長過程で生ずる変化ーベビーベッドからベッドへ、おむつからおまるへ、一人っ子からお兄さんお姉さんへ、保育園から幼稚園へーにも多くのストレスがあるのです。

人生の半分以上を幸せに過ごした保育園の卒園を間近に控えた5歳のマイケルの例をみてみましょう。

　以前から彼のクラスメイトの中にかなり深刻な問題を抱えている子どもがいたため、私は時折クラスの子どもたちにパペット劇を上演しに行き、そこでマイケルとも遊ぶようになりました。実際、マイケルは感情的にも身体的にも問題は無いようでしたが、パペットに夢中になる彼の様子を見ていて、彼の先生も私も、彼を私が毎週個別に対応している子どもたちの中に加えたほうが良いのではないかと考えたのです。それは落ち着いた楽しい体験で、つらい時期のマイケルに手をさしのべることができました。そうすることで、私は特別な問題よりむしろ平凡な問題に向き合う子どもたちを助けることができる遊び方について多くのことを学びました。

　マイケルは陽気な性格でしたので、私たちのセッションでは彼が作ったお話しを素晴らしく演じていました。ところがある日、彼の遊びが機械的で楽しくなさそうに感じたのです。恐竜を投げつけ、暴力を振るうようになりました。彼は笑って、私がパペットにマイケルはちょっとふざけているだけだと伝える

よう言いました。しかし、彼は無理に笑っているようで楽しそうには見えませんでした。

　私は彼が何か悩みを抱えていることは知っていましたが、それについて彼が話したがらなかったため、何が彼を悩ませているのかわかりませんでした。そしてとうとう私が、「一緒に過ごす時間は終わりなのでまた来週会いましょう」と言うと、「そんなことはわかってるよ！」とすぐに言いました。「私は知らなかったわ！」オードリーは答えました。

　マイケルは、自分が保育園を卒園するのだから、オードリーを怒らせるよう私に言いました。この時、ついに彼を悩ませている原因を突き止めたのです。

マイケル：	オードリーは僕がここを出て行くから、怒るよね。
オードリー：	私はマイケルが卒園しなければいけないことに、怒っているわ！
マイケル(突然気持ち良さそうに)：	ここが僕の学校で、ずっとここに居られたらいいのになぁ…。
オードリー(同様に心を込めて)：	ここが私の学校でずっと居られたらいいのに。卒園しなくてよければなぁ。
マイケル：	僕は幼稚園になんて行きたくないんだ。僕はずっとここにいたいんだよ。卒園したくない。ここは僕の一番の学校！　ここが大好きなんだ！
オードリー：	私はデイケアが好き。他には行きたくないわ。
マイケル：	どうして全部やめなければならないんだろう？　僕たちはゲームで遊んでいるのに、なぜやめなければいけないんだ。
オードリー：	やめるのはイヤだわ。
マイケル：	そうなんだよ！　僕はこれがしたくても君に会えない。僕にできることは君の夢を見ることだけ。夢を見るたびに君がそこにいない感じがするんだ。そして今、僕たちは止めなければならない。僕はずっとこれをしていたい、さよならもしたくない。僕ができることは、君の夢を見ることだけなんだよ。そして今、僕らはここを去らなければならない。
オードリー(悲しげに)：	みんな去って行くわ。
マイケル：	僕はそれがイヤなんだ。
オードリー：	私もよ。

　いったんマイケルが話し始めると、彼の気持ちは洪水のようにあふれ出しました。彼は、ただデイケアを離れることが淋しかっただけではなく、新しい学校に不安を感じていることがわかりました。

　「どうして僕は今（私は彼が自分はまだ小さいと言っているのだと思いました）、他の子に乱暴されるとわかってるのに幼稚園に行かなければいけないの？」と彼が尋ねると、オードリーは「それは恐いわよね！」と言いました。

　マイケルが間近に迫った卒園について話したのはこの時が初めてでした。通常、難しい問題はすぐに処理することができないため、彼はその後数週間、このことを繰り返し話題にしました。

　ある日、彼は「待って！」と叫びました。「良いことを思いついた！　もし新しい学校で僕に彼女ができて、彼女が僕にキスしてくれたら、僕は元気になるよ！」オードリーは困ってしまいました。「もし彼女があなたにキスをしたら、あなたは元気になるの？」「そうだよ。彼女が僕にキスしたら、彼女は僕にあなたは可愛いねって言うんだ。そうだよ！　それはステキな考えだ！　僕は幼稚園が大好きになりそうだよ！」マイケルは夢中になって言い、ほっと胸をなでおろしたのです。

　私は、なぜマイケルがガールフレンドができれば元気が出ると考えたのかわかりませんでしたが、それは男性と女性がかなり厳格に決められた役割でふるまうことが期待されている文化に基づいていたのです。今日の多くの幼い子どもたちのように、彼はティーンエイジャーや成人向けのメディアを何気なく目にし、それが彼に空想させたのでしょう。実際、マイケルは彼女を持つことや性別役割を探究することに多くの遊び時間を割いていましたから…。しかし、まず第一に、彼は空想の背後にある真実の核心に焦点を当て、それを強化することに決めていたのです。「もし誰かがあなたを大切に思ってくれるのなら、そこはそんなに恐いところではないわ」とオードリーは思いました。

　大人から見ればマイケルが保育園を卒園することは、人生におけるひとつのステップにすぎません。私たちは、彼が年々退屈し、子どもたちが自分の成長や発達のために、新しい挑戦を必要とするだろうということを知っているから

でしょう。ところがマイケルからすれば、彼の同意が無いままみんなが彼を理解し愛してくれる快適で安全な環境から、危険な場所へ無理やり行かされると思っていたのでしょう。彼はなぜ不安なのに怒らないのでしょうか？

　次のセッションの始めに、マイケルは効果音をつけた空手キックで、クッションをめちゃくちゃに攻撃しました。彼はキックしながら、クッションを「悪人どもだ」と言っていました。私の目的は、卒園に対する彼の怒りや不安の感情を表に出させ、前向きな気持ちのやり場を見つけて彼を助けることでした。

　私は彼が口に出せずにいる気持ちを、まるでオードリーが感じているかのようにオードリーに言わせようとしました。「ねぇ、私が怒っている時もあなたと同じことをしたくなるわ。でも、誰も傷つけたくないの」とオードリーは言いましたが、マイケルのキックはさらに激しくなり、「その悪人どもは、お前を料理出来るんだぞ！　あいつらはお前を料理して夕飯にするんだ！」と怒りました。するとオードリーはさっき言ったことを再び繰り返しました。「怒ると私もキックしたくなるけどしないわ。その代わりに、怒ってるって言うの」

　マイケルは蹴るのを止めて、「もう一度言えよ」と命令しました。オードリーは大声で叫びました。「私は怒ってるの！」「君は怒ってる！」とマイケルが言いました。「なぜ私が怒ってると思う？」とオードリーが聞くと、「僕が乱暴してるからでしょ」とマイケルは答え、再びキックボクシングを始めました。しかし、オードリーはマイケルがクッションを蹴り続けていることを怒っているのではありませんでした。「私はもうすぐ、夏の終わりにはここを去らなければいけないから怒ってるの」彼女は気持ちを込めて言いました。するとマイケルは突然蹴ることを止めてオードリーの方を見て、「そうなの？」と尋ね、私の方を向いて、「オードリーの言ったことは本当？」と聞き返しました。オードリーはうなずきました。

　時々オードリーが他のパペットとケンカしていると、子どもたちは叩いたり噛みついたり、蹴飛ばしたりするよう彼女をせきたてます。パペットが他のパペットにとる行動は、子どもたちが学ぶ方法としては非常に重要な要素だから

です。他の誰かを傷つけることによって怒りを表すことは、その行動を認めることになるので、私のパペットは決して暴力をふるいません。しかし、パペットたちが激しい感情を抱くこともあります。時には叩いたり蹴ったり、噛みついたりしたくなることもありますが、そうする代わりにセルフコントロールをするのです。

他の人を蹴るよりクッションを蹴る方がましだとしても、それはマイケルの対処方法にはなりません。そこで、私はさらにオードリーが保育園を卒園することに対する"彼女の"気持ちを言わせることにしたのです。そうすることでマイケルを悩ませていることについて話し、話すための言葉を探す手助けをしたかったのです。

空想上の生き物を通して会話をしたり、空想の中の役になりきったり、子どもと一緒にごっこ遊びをすることは、彼らが私たちに直接聞くことができなかった重要な視点を提供する機会や、問題に対処するためのもう一つの方法に触れる機会を与えることになるのです。オードリーを怒らせることで、私はマイケルが怒っていると決めつけたり、認めたくない気持ちを無理に認めさせることなく、彼を悩ませていた問題に対処することができたのです。

私のパペットたちが強いネガティブな感情を表現する時は子どもの気持ちになっているかどうか、私はいつも自分に問いかけます。もし、私が子どもの気持ちに寄り添っていなければ、子どもたちはオードリーが表現する感情を聞き流したり、「悲しくないよ」などの自分の感情を表しません。私は、子どもが感情を認める心構えが出来ないうちに、それを認めさせるべきだと言っているのではありません。それでも、認められたり受け入れられた感情を聞くことは重要であり、それらの感情を安全に表現できるのはパペットなのです。

もし、私がマイケルが保育園を去ることをどう感じていたか、はっきりわからなかったら？　そんな時、私は次のように尋ねるでしょう。「オードリー、新しい学校へ行くことをどう思う？」オードリーはきっと、「そんなこと私もわからないわ」と答えるでしょう。そして、私は子どもの方を向いて、「みんなはオードリーがどう思っていると思う？」と聞きます。大抵(いつもではあ

りませんが）子どもたちは自分がどう思っているか教えてくれるのです。

　子どもたちが怯えたり不幸になったりするのは、彼らを世話する大人たちにとって耐え難いことです。そのため私たちは、彼らの生活の中の出来事に対する反応の強さを最小限にしてあげようとするでしょう。しかし私たちは、変化や喪失、別離、そして不公平な仕打ちに応じた怒り、悲しみ、そして恐怖の全てを経験しているわけではありません。そうですよね？　実際、子どもが安全だと感じることができれば、自分の気持ちを明確に伝えられるはずです。マイケルの不機嫌な態度やクッションを攻撃していた行動から察すると、彼が怒っていたと推測したのはあながち間違いではありません。私がマイケルとセッションする目的は、彼が怒りの感情を持っていることを理解し、他の人を傷つけることなくそれらの感情を表現できる方法を探す手伝いをすることであり、それを彼にわかってもらうことでした。

　「僕は夏の終わりには卒園するんだ」、マイケルは悲しそうに言って、クッションを再び蹴り始めました。

　再びオードリーも卒園に対する怒りをあらわにすると、マイケルがやって来て彼女を抱きしめ、「僕はもう二度と君には会えない」と言ってため息をつきました。「すごーく悲しいわ。あなたは新しい所へ行くのね」とオードリーが言うとマイケルは重々しくうなずき、「僕はそうしたくない。だから怒ってるんだ」と言いました。

　マイケルとオードリーが、やがて彼らにやってくる卒園をしばらく悲しんだ後、マイケルは自分がこれから行く所について、「どうして僕たちは新しい所へ行かなければいけないの？」と不平を言いました。「みんなが僕を叩くんだろうな。僕の顔を殴るんだろうな」オードリーは同情しました。「殴られるのは恐ろしいわ」「みんなは僕を太ったやつと呼ぶんだろうな！」マイケルは付け加えました。「そうね。みんなはあなたを太ったやつと呼んで、私を太った女の子と呼ぶんだわ。私はそれが恐い」とオードリーも言うと、マイケルは再びうなずいて言いました。「僕はそれが恐いんだ。僕のことを臭いって言ういじめっ子はイヤだよ」「そうね、私もそんなこと言ういじめっ子はイヤだわ」

マイケルがどこで幼稚園生活についてのイメージを得たのかわからなかったので、私は彼に聞いてみました。「卒園した後、あなたにどんなことが起こると思う？」するとマイケルは即座に答えました。「僕が新しい学校へ行くと、みんなが僕の顔を殴って、太ったやつと呼んで、僕とケンカするんだ。みんなが！　口の中は血だらけになるよ」

このようなことが本当にマイケルの身に起こるのか、あるいは単に彼が恐れているだけなのか、私にはわかりませんでしたが、今まで他の子どもたちからからかわれたり傷つけられたりしたことがあったのか直接尋ねると、彼は首を振りました。私たちはもし実際にいじめっ子がいたらどうしたらよいか話し始めました。この時、マイケルはオードリーに尋ねました。

「もし大きな怪獣が君の所へ来て、『食べちゃうぞ』って言ったら君はどうする？」オードリーが「私を助けてくれる大人を探すわ」と答えると、マイケルは疑い深く、とても不機嫌になりました。「へぇ、そうかい？　そこに大人がいても君はきっと慌てふためくよ」オードリーは感心しました。「その大きな怪獣は大人なの、それとも子ども？」「子どもだよ」とマイケルは楽しげに説明しました。「彼は4歳。名前はB.J.。どんなやつでもひどい目に合わせるんだよ！　彼は世界で一番の乱暴者さ！」

私は幼稚園でいじめっ子に出会ったらどうするという質問に戻し、もし怖い思いをしたら新しい先生を頼りにするよう話しをしたのですが、彼は聞いていませんでした。彼は心の中で別のことを思っていたのです。

マイケル：	どうして僕は面白くない幼稚園へ行かなくちゃいけないの？
私：	面白くない幼稚園へ？
オードリー：	そうよ。どうして私は面白くない幼稚園へ行かなくちゃいけないの？
マイケル：	どうして僕は面白くない所に行くの？　そこにずっとずっと居なくちゃいけないの？
オードリー：	マイケルは違う幼稚園に行ってもママと生活する？
私：	もちろん。当然よ。

マイケル(胸を張って)： 僕はいつもママと一緒さ。オードリー、君はママと一緒にいる？

オードリー： えぇ。

私： それは2人とも同じね。でも"ここ"にはいないでしょうね。

オードリー： どうして？

私： あなたたちは成長して年を取っているわ。ここには幼稚園のプログラムがないからよ。

マイケル： 僕は6歳になると成長しなくなるよ。

私： う〜ん。あなたは、常に成長しているわね。

マイケル： 僕はパパみたいに大きくなるんだ。パパはと〜っても大きいんだ！

オードリー： あなたはそんなに強いの？

マイケル： いまに僕は、本当に本当に格好よくなってみせるよ。

　彼はとても重たいものであるかのように円筒形のクッションを頭の上に持ち上げ、オードリーが感嘆の声を上げる間、怪力男になってその辺を跳ね回りました。私はマイケルが新しく通う幼稚園について考える中で、自分をとりわけ小さく傷つきやすく感じて怪力男に変身したのではないかと考えています。難しい事態に直面した時、子どもは実際の自分よりもたくましく、勇敢で、力強くなるために「ふりをする遊び」を用います。

　子ども—特に4〜5歳の男の子—は、何かを恐れたり、自分を弱いと感じたり、怯えたりすることは許されないという社会的なメッセージを受け取っています。多くの大人のように、困難な、あるいは恐ろしい状況にある子どもは、無意識のうちに面子を保とうとするのかもしれません。私はマイケルに、「あなたは今、弱さや無力感を感じているんでしょ」と尋ねましたが、彼はそれを否定しました。彼は傷つき、怒っていたのでしょう。その代わり、私はオードリーに、マイケルが感じているのと同じ気持ちを言わせたのです。

オードリー： あのね、もし私がもっと強くなれたら、幼稚園で安心していられる気がするの。

私： ねぇオードリー、あなたに伝えたいことがあるの。誰でも、新しい

　　　　　　　　　学校へ初めて行く時は恐いわ。
オードリー：　みんな、新しい学校へ行く時には恐いの？
　　　私：　えぇ、みんなよ。

　私たちの会話を聞いていたマイケルは明らかに気持ちが楽になったようでした。オードリーと"彼女"の気持ちについて話したり、新しい幼稚園へ行く時は子どもたちの多くが同様の不安を感じていることをオードリーに伝えて彼女を安心させることで、私はマイケルの不安を取り除いたのです。さらに、マイケル自身が感じていても言い表せなかったことをオードリーに言わせることで、難しい気持ちを表しても構わないし、オードリーがそのような気持ちを抱いても怒ったりしないということを彼に理解させることができたのです。

　マイケルはオードリーの髪で遊び始めました。彼はオードリーの頭の上に髪を乗せました。オードリーが「私、どんなふうに見える？」と尋ねると、「いいよ！」と言って抱きしめました。「今、君はふさぎ込んでいるんだよ」オードリーは戸惑い、尋ねました。「私はふさぎ込んでいるの？」「君は憂鬱になる歌を歌わないとだめだよ」マイケルが言うとオードリーは、「わかったわ。どんな歌？」と聞きました。

　芝居がかった間をおいて、マイケルは口にマイクを近づけるふりをして歌い始めました。「おお、ゆううつな気分！」それから彼は歌うのを止めてオードリーにマイクを差し出し、君も歌えよと言ったのでオードリーも歌いました。

　　♪ゆううつな気分
　　保育園にさよならしなくちゃいけないから　さよならしたくないのに
　　私はここにいたいの、ずっと
　　幼稚園には行きたくない
　　ゆううつな気分だわ　保育園にさよならしなくちゃいけないの♪

「今度は僕の番だ」とマイケルは言い、テンポを上げて楽しそうに歌い始めました。

♪ゆううつ　ゆううつ　ゆううつな気分
　いつだって僕はそうさ…毎日ゆううつな気分なのさ♪

　彼はさらに本物のブルース歌手のように歌い続け、自分の歌に陶酔しました。

♪いつも！　僕はゆううつなのさ
　（語り）そのブルースは男を導くのさ。
　いつも！　僕はゆううつなんだ
　僕は学校を去りたくないのに♪

　少し歌うと、マイケルはオードリーと交代しました。「さぁ、今度は君がブルースを歌う番だよ」と彼が言うとオードリーは素直に歌い始め、彼はルイ・アームストロングに、オードリーはエラ・フィッツジェラルドになってデュエットしました。

オードリー：	ずっとゆううつ　ゆううつな気分
	マイケルが恋しいわ
マイケル：	可愛いいひと　ボクは寂しいよ
オードリー：	ゆううつな気分だわ
	マイケルがいなくなる　卒園してしまうから
	そして幼稚園へ行くの
	彼がいなくなったら寂しいわ
	でも私は彼が進んでいくことが嬉しい
	それは彼が成長するということだから
	それは良いことなの
マイケル：	彼がより良い子になるとわかっているから
オードリー：	いなくなったら悲しいわ
	マイケルが好きだから
マイケル：	彼は大物だね。

　マイケルは自分に満足し、他の人にも自分を知ってもらおうとしました。

「マイクを持って君は、『みなさま、マイケルに拍手を』と言うんだ。いや！待って！　その前に、君は『すばらしいブルース歌手、マイケル先生！』と言わなくちゃ」

オードリーは言われた通りにしました。柔らかくて落ち着いた声で、「みなさま、今夜私たちは特別な場所にいます。すばらしいブルース歌手、マイケル先生に拍手を。彼の登場です！」

マイケルは、ブルース歌手が舞台へ上がってくるというより、まるでバスケットコートのシャキール・オニールのように走り去りましたが、またステージに戻ってきました。感情の赴くままにマイクに身体をからませ、前よりも激しくブルースを歌い始めたのです。

> ♪いつも僕はゆううつな気分を語るのさ
> 　毎日僕はゆううつを語る
> 　いつも僕はオードリーがどこかへ行ってしまうとわかっている
> 　けれどそれで良いのさ、彼女は僕の親友だから
> 　そして僕はいつも彼女を恋しく思うのさ♪

彼の声は芝居がかった囁き声になりました。空想の観客へ向けて腕を伸ばして指差し、くるりと振り向きました。彼はどこから見ても、ブルース歌手でした。「そばにいるよ！」しかしその後、突然5歳の男の子に戻り、「お風呂に入らなきゃ」と言って、部屋から駆け出して行きました。

私たちとの別れの日まで、マイケルは保育園との別れを演じ続けましたが、もはや殴ったり蹴ったりする様子はなく、新しい幼稚園でうまくやっていけそうでした。大人になると、子どもの時の感情的な経験を思い出すことは難しくなります。そしていずれにしても私たちが愛する子どもたちは私たちのレプリカではなく、彼らは私たちとは異なる関心事や感情で人生の課題に対応するでしょう。とはいえ、それらの課題にいかに対応するか―良きにつけ悪しきにつけ―しばしば私たちの振る舞いを見て行動します。子どもは自分が偶然経験したり発見したことの意味を理解し、それらに対処するために自然にごっこ遊び

をするので、私たちはその遊びを見ることで彼らが直接話せなかったり、話すのをためらってしまうような心の中を知ることができるのです。

　私はマイケルが保育園を去らなければならないことに対して感じていた怒りや不安をオードリーに共感させ、暴力を使わずにそれらの感情を表現するために、使う言葉を吟味しました。

　子どもはごっこ遊びをする機会が与えられると、ごっこ遊びが自己表現や人生の問題を乗り越える安全な空間になりうることを直感的に理解することがわかったのです。私がウィニコットの「ほどよい環境(holding environment)」と考えるごっこ遊びができるような、身体的、精神的空間を子どもに与えるのは私たち次第なのです。

　しかし、マイケルと仕事をするずっと前に、私は子どもが遊ぶための "holding environment" について皮肉な教訓を学びました。明確に定められた境界と制限は、ごっこ遊びによって与えられる自由にはなくてはならないものなのです、と。

chapter 6

ジョーイ、オリビア、エマ

遊びの制限、境界、そして自由

　ある日、コーナーコープ保育園に行くと、ベス先生がすみっこで体を丸めて
しゃがみこんでいました。「お前は刑務所にいるんだ！」と、彼女の足元にブ
ロックで壁を作りながら5歳のブライアンが大声で言いました。「ずっとね！」
ベス先生は刑務所から出してくれるように嘆願しましたが、ブライアンは譲ら
ず、「お前は刑務所にいるんだ！」と興奮して繰り返し、彼女を叩こうと手を
振り上げました。すると身をちぢめていた囚人からすぐに冷静な大人に戻った
ベス先生は、彼に叩いてはいけないと教えたのです。小さな男の子に戻ったブ
ライアンはうなずくとまた看守役になり、ベス先生は体を丸めてしゃがみこみ
ました。ブライアンは先端に鈴が付いた道化師の帽子をつかんで頭の上で思い
切り振り回したので、たまたま通りかかった女の子に当たりそうになりまし
た。再びベス先生は囚人から先生に戻ると穏やかに、「そんなふうに帽子をふ
り回してはいけないわ、先っぽの鈴が誰かを傷つけるかもしれないでしょ」と
ブライアンに言うと、彼は帽子をふり回すことを止め、囚人のベス先生に次々
と起こるであろう恐ろしいことを言いながら、ブロックの壁の所に戻りまし
た。彼は一生懸命考え、「お前はずっとここにいるんだ！　それにここはいつ
も真っ暗なんだ！」と、付け加えました。「それから」彼の声はさらに大きく
なりました。「頼れるものは何もないんだ！」ベス先生は再び体を丸め、彼ら
の遊びは続きました。

　子どもは安全だと感じる時しか遊べません。彼らは危険を感じると遊ぶこと
を止めてしまいます。彼らの身体的で感情的な安全を守ることは、子どもの世

話をする大人たちの役目なのです。7歳のジョーイから学んだことは、子どもの安全を守る方法の一つは、現実と空想の境界を明らかにし、一度彼らが決めた境界を尊重し、彼らを援助するということです。

　ジョーイは妹のローラに骨髄を提供したものの、手術から3日もしない3月の寒い火曜日の朝5時47分にローラは亡くなりました。その日の午後4時35分にはローラを埋葬し、彼女のいない新しい生活を始めるために、ジョーイと彼の家族は何百マイルも離れた南へ帰ることになっていました。その後、私は二度と彼には会わないはずでした。

　その頃、私はジョーイと知り合ってから3週間近くたっていたので、たださよならと言うためだけであっても、私たちが再会したことは彼にとって重要なことだったと思っています。私が彼に会えず寂しく思っていることや、ローラの死を悲しんでいることをせめて彼に知ってほしかったのです。ジョーイと彼の母、12歳の兄は病院の向かいの建物に滞在していました。私はジョーイの母親をよく知らなかったので、私がいつどこで彼と会うか詳細を決めるために、彼女に電話したり彼女の深い悲しみに立ち入ったりすることには抵抗がありましたが、それでも電話をかけました。

　朝食後にジョーイの叔母が彼を病院に連れてくることになりました。私は電話を切ると不安になりました。白血病の妹のために自分の骨髄を移植したのに、その妹を亡くしてしまった7歳の子どもに私は何と声をかければいいのでしょう。母親に言われたからといって、彼は再び私に会いに来るでしょうか？また、一緒に過ごす最後の時間は、彼にとって意味があるのでしょうか？

　私たちがいつも会っていた場所は、ローラが治療を受けていた部屋の先にある小さな診療室でした。馴染みのあるこの場所で良かったのでしょうか？　その馴染みのある場所に来ることで彼を怖がらせてしまうでしょうか？　医療スタッフは彼がまたそこにやって来ることを望んでいるでしょうか？　妹を助けられなかったことを思い出して、彼は辛くなるでしょうか？　私はパペットを持ってくるべきだったのでしょうか？　彼はパペットと会話できるのでしょうか？　そうでなければ、私は彼を助けるためにどんな言葉をかけられるので

しょうか？

　看護師長のジーンは、ジョーイが戻ってくることを歓迎するといって私を安心させてくれました。彼と私はエレベーターに乗って5階へ行き、子猫やひよこのポスターやたくさんの幸せそうな子どもたち（彼らの何人かはまだ生きています）のスナップ写真で飾られたジーンのガラス張りのオフィスまで歩いて行きました。

　かつて、パペットを使わずにセラピーをしていた時のジョーイの態度はそっけなく、感情を表に出すこともありませんでした。しかし、彼がパペット遊びで見せる荒っぽさや冷酷さは、妹の病気のことやその治療における彼の役割について、彼自身が感じていた恐怖や無力感、怒りを表していたのです。彼のパペット遊びは以下のようなものでした。パペットの手足を切断し、恐ろしい病気にしてはそれに対する医療処置をし、ドラゴンに襲わせ、赤ちゃんザメを並べて幼児語を使い、パペットたちには赤ちゃんのようにふるまうことを強要したのです。その日のジョーイは弱々しく落ち着いていましたが、彼の肩が硬直していたことから緊張していることがわかりました。"ここに私とこの子を助けてくれる誰かがいたらいいのに"と私は思いました。

　診察室のドアを閉めるとすぐ、私はジョーイにローラの件を悲しく思っていることを伝えました。彼はそわそわしてこの部屋のことを尋ね、なぜここに2枚のポスターがあるのかということや、椅子にかけられたコートは誰のものなのかを気にしていました。彼は色々な安全で意味のないものを不思議がっていました。私はジョーイが話しをするのがつらい時にこの種の質問をすることを知っていました。

　彼が首に真新しいネックレスかけているに気づいた私がそれについて尋ねると、金色のハート形のロケットを見せ、「これをローラにあげるつもりだったんだ」と言って肩をすくめ、目を大きく見開きました。「誰かこれをあげる人見つけなきゃ」彼は何気ない調子でいいましたが、私は彼と初めて会った時のことを思い出していました。

　「ジョーイ」私はいつもの調子でいいました。「私の名前はスーザン、私はパ

ペットをいくつか持っているの。この病院の病気の子やその子の兄弟たちとも話しをするのよ。ここではあなたがここにいることをどう思っているかや、他のどんなことでも話していいし、遊んでいいのよ」「おぉ」とジョーイは言いました。「僕は何ともないよ。もう2人と話したし、何とも思ってないんだ」

　しかし、その後3週間にわたり、彼は遊びを通して、心の苦しさや不安や幻想を表に出しました。パペットたちは食べられ、手術され、死んで幽霊として復活しました。お腹を空かせたドラゴンはオードリーとカタリオンを毎日脅し続けました。彼はオードリーをピラニアに食べさせ、彼女をピラニアから守ろうとしたカタリオンを殺しました。これが、妹の死について何も感じないと言った子がしたことでした。

　その後、しばらくの間、ジョーイと私は何もしゃべらず，私が持ってきたパペットを入れたバッグをじっと見つめている彼の様子を観察していました。透明の中が見えるバッグの底に、彼がいつも遊ぶパペット－けばだった黄色いカエル－が見えました。私はジョーイがそのカエルを見ていることがわかったので、彼が話し出すのを待っていました。

　彼は私たちが出会った時からずっとしてきたのと同様の激しいコミュニケーションを望んでいて、それまで多くの同じような境遇の子どもを見てきた経験がある私でさえ困惑しました。

　"現実にローラはもう死んでしまった。私たちは彼女の死をテーマにプレイセラピーをしようとしているのだろうか？"と私は考えました。長い間、私は彼の妹の死という悲しい出来事と不可逆性が、遊びを無意味でつまらないものにしているのだと考えていました。パペットは"実際には"生きているわけではなく、したがって、本当に死ぬことはないという事実が，実際の死を目の当たりにしたばかりのジョーイのパペット遊びをうわべだけの意味の無い言動にしていたのです。

　私は間違っていました。どのように共に過ごすかを決める権利があり、ローラの死を彼なりに整理する必要があったジョーイに対し不公平だったのです。私は彼がローラの死を整理するのを手助けするためにそこに居たのであり、彼

にその方法を教えるためではありませんでした。ローラの死はジョーイの人生の一部でした。ローラの死や彼女の治療に関わった彼の感情は力強く生き生きとしていました。それらの感情は、ジョーイが成長し発達し続けるために、表現し理解する必要がありました。そして、それを言語のみで行えたまずまずのまれな7歳でした。ジョーイには遊びが必要だったのです。

ジョーイは黄色いけばだったカエルを手にはめて「こんにちは」と言いました。私もカタリオンをはめて、「こんにちは」と言いました。

ジョーイは責めるように私の方を振り向き、尋ねました。「どうして彼の声は違うの？　いくらか柔らかく、低く聞こえるよ」、私はジョーイ自身の声が少しだけ似ているように聞こえたと言ったのですが、「そんなことないよ！」と大声で言い返しました。

私はカタリオンになって、「僕はローラのことを悲しんでいるから、声が低いんだよ」と答えました。ジョーイはそれを否定せず、「君はどうしてローラのことを知ってるの？」と疑わしげに尋ねました。ついに私はカタリオンを手からはずし、直接ジョーイを見て言いました。「彼の声が低いのは私がしゃべらせているからよ。私はローラのことを悲しく思っているから、私の声は低く聞こえるの。私たちはみんながローラの死を悲しんでいるのよ」

そして私は彼にパペットを通してではなく、直接話しをしたいと言いました。骨髄を移植したローラが亡くなったことを自分のせいだと考えてしまうかもしれないけれど、ローラは骨髄を移植する前から重い病気だったので、それが原因で亡くなったのではないと伝えるとジョーイはうなずき、再び本格的に遊び始めました。

彼は竜のパペットにカタリオンを攻撃させました。それから彼は、カタリオンとオードリーに向かって吠え、威嚇しました。また、カタリオンは歩けないのだと言いました。2人とも血液検査が必要で、治療を続けなければならないとも言いました。

血液検査が終わると、ジョーイはローラがそうだったように、パペットの頭の毛を剃り始めました。それからたくさん注射をし、遊びの残忍さはますます

エスカレートしていきました。

　最近私は、子どもが理由をしっかりと述べることができなければパペットへの医療行為を行わせないようにしています。病院で感じる不安や苦痛には理由があることを、子どもが納得できるように大人の看護者ができる限りのサポートをするのは重要なことです。ただ苦痛を感じる場所と病院とを区別するのは感じた苦痛の背後にある肯定的な目的であり、患者を気にかけながらそこで働く人たちのモチベーションなのです。子どもにこの点を納得させる方法ができた時こそ、パペット遊びでこれを演じる時なのです。

　しかし、カタリオンがなぜ沢山の注射をされたのか私が尋ねても、ジョーイは「理由なんて無いよ！　理由なんて無い注射さ！　ただの100本の注射！」と大声で叫びました。私は彼を止めませんでした。彼が感情を解放し、恐れや怒りを表現することは他の何よりも重要だったからです。実際に、ジョーイは何百もの注射に見えたに違いないものや、理由がないように思えた血液検査を経験しているのです。いずれにしろ、ローラは死んでしまったのです。

　ジョーイはカタリオンの舌、ひげ、目など、切れるものは何でも切り落とそうとしました。この作業に夢中になり、かなり楽しんでいるようでした。

　私は彼がしていることを応援することにしました。彼のふるまいに自分の声音を合わせ、ふざけた感じで言いました。「あらら！　カタリオンにとって今日は厄日だ」私は首を振り、ジョーイの遊びに加わりました。私は彼の遊びは過激ではあるものの、この激しい怒りで誰かを傷つけているわけではないことをわかって欲しかったのです。特に、私は今後ジョーイに会うことはないと思っていたため、彼の遊びと感情の深さとの関係を厳密には検討せずに、彼が表したいものを表現させたかったのです。

　私は入院している多くの子どもが経験する不安や無力感をカタリオンに代弁させてきました。そしてジョーイが行動に表した怒りについても、直接、あるいはパペットを通して彼に話しをしてきました。もし、私がこの先長きにわたってジョーイと接することがわかっていたら、彼が自分がしていることをよく考えるよう促すために、私はこれらの、そしてまた別の方法をとったことで

しょう。しかし、その瞬間にどう対応するかを即座に判断する中で、私はこの遊びがジョーイにとってどんな意味があるのかを把握するだけでなく、遊びの状況を考慮する必要があったのです。私は二度とジョーイとは会うことはなく、この先彼のそばでサポートできないことがわかっていたので、私たちの最後の面談が彼の心の傷を蒸し返すことを避けたかったのです。

　私がジョーイの空想遊びに力を入れようとしたのも、彼の遊びが明らかに不安定だったからでした。パペットの手足を切断した後、私が彼に止めた方が良いと言った時ですらその遊びを止めなかったのですから…。

　空想遊びの最後に、ジョーイは果物や肉、歯を切り刻む機械を発明しました。私が歯を切り刻む機械なんて聞いたことがないと言うと、突然彼は、「とにかく、僕はどうしてローラがまだここにいるのかわからないんだよ！」と言いました。「彼女がいるかどうかはわからないけれど、多分、彼らは彼女が南へ帰るための準備をしているのよ」私は答えました。「あいつらは彼女を、僕の別の妹の隣に埋葬するつもりなんだ」ジョーイは言いました。「お医者さんたちはローラに良い治療をしなかった。彼女は手術で死んだんだ」「ここのお医者さんや看護師さんたちは、ローラに良い治療をしたと思うわ」と私が言うと、ジョーイは「そうか」と答えました。

　私があと５分ほど一緒にいられることを伝えると、彼は噛まれたあざのようなピンクや紫の絵の具がついたような腕を見ていたので、私は、ピンクや紫の絵の具がついてしまったのではなくて、注射や治療に耐えてきた痕なのねと言いました。「ピンクはおしっこだよ」ジョーイは後ろめたそうに言いましたが、ピンクのおしっこと数日前に医師たちがローラの尿が赤かった話しをしていたのを彼が聞いたことをなぜ私に話したのかは尋ねませんでした。私たちが一緒に過ごす時間は終わりましたが、さらに多くの話し合いが必要でした。私たちはパペットを手から外し、階下のロビーへ行くためエレベーターに乗りました。

　私たちはジョーイの母親が待っている病院の売店でさよならを言い、家へ帰る飛行機の長旅に備えてぬり絵を買うために列に並んでいた彼らから離れまし

た。ジョーイはぼさぼさの髪に青白い顔でずんぐりと小さく、泥で汚れた顔で大きすぎる紫色のＴシャツを着て、首には金色のロケットをかけ、じっとたたずんでいました。

　遊びの中では自由に表現できるため、私たちは遊びの境界を決める必要があります。遊びの境界は入れ物（容器）そのものです。だからこそ、想像を育む安全で抑制されないところなのです。これらの境界－遊ぶために安全な環境を明確にすること－遊びには安全な環境を維持するためにも、定められた場所が必要です。このことは、素直な自己表現のためにとっての必要な安心の感覚を満たすための決定的な条件です。

　私たちは子どもたちが横道へ逸れていかないように、遊び場の周りに塀を築きます。私たちは子どもたちを身体的な危害から守るため、プレイルームを安全に整えます。心理学的な遊び場も、混乱や過剰な刺激、そして精神的危害から子どもたちを守るために、制限と境界を必要とします。子どもたちが一人で遊ぶ時、彼らはこれらの境界を自然に設定します。子どもと遊ぶ時、私たちは現実と空想を明確に区別したり、一貫した制限を決めることによってこれらの境界を作っているのです。

　私がごっこ遊びを理解していただくために「現実性」について話しをする際、私たちの外側の世界に属するあらゆるものについては勿論のこと、内面的な生活における現実性と妥当性についても話しをします。この意味で遊びは不安定であると同時に、現実でもありますが現実ではないのです。テーマと表に表れた感情は現実ですが、その内容－登場人物や彼らに起こることは－空想なのです。

　子どもが一人で遊ぶ時、これらの境界はその子どもが決めます。私が子どもに自己表現を促したり、無力感に打ち勝つ機会を与えたり、あるいは物事に対処する術を教えるために子どもをパペット遊びに誘う時、私は子どもの境界に合わせてそれを尊重しなければなりません。そうしなければ、遊びが成り立たないのです。

　ジョーイの事例では、彼がカタリオンの声音（空想の遊び）が違うことにすぐ

に気付いたことと、カタリオンの声で聞いた(現実)こととの間に明白なつながりを作ることによって、私はジョーイが設定した境界を越え、彼の遊びの力を一時的に脅かしてしまったのです。私は、ジョーイがローラの死について直接話しをするために、パペットのカタリオンを使って遊ぶことをいつになくためらっていたことがわかって、自分の間違いに気付きました。ローラは実際に死んでしまったのですから…。彼女の死は遊びではないのです。そのため、彼女の死に関する話しはパペットを通してではなく、"私"自身がしなければならなかったのです。しかし、もしジョーイが遊びの中でローラの死を話題にしたらーもし彼がパペットを通して直接ローラの死について話し始めたらー私は彼に話しを合わせたでしょう。

　子どもが、たとえば親の死のようにとりわけ恐しく、強烈なことについて遊びに直接取り入れていない時、私は一緒に遊んだ子どものことを思い出します。5歳の少女が目を大きく見開いてオードリーに言います。「あなたのママは死んじゃったの」「オードリーのママが死んでしまったことにするのね」きちんと境界が存在していて、これは遊びであり、したがって彼女がコントロールできることを確認できるように、私は私自身の声で答えます。

　私たちが共有している空想における安全の範囲内で、彼らの振る舞いの可逆性を確信して、子どもたちは私のパペットに恐ろしいことをするふりをしていたのです。親がそっと見ている時も、パペットたちは怪獣に食べられ、火であぶられ、溺れさせられました。子どもたちは私たちがパペットにしていることはまねごと遊びだとわかっているので、このような残虐行為ができるのです。プレイセラピーが終われば傷ついたパペットは手から外し、別のプレイセラピーで使う時はまた元の姿に戻されるだけのことなのです。

　空想遊びの境界が明確に保たれるようにするもう一つの方法は、このプロセスに携わる人を選択することです。子どもにとって、彼らが創った話しが恐しくなったとしても、彼らの遊びはおだやかで用心深く、遊びの安全性を維持するのに十分なのです。しかしながら、感情的なトラウマや精神疾患を抱えている人にとって、ふりをする遊びは非常に刺激的で、彼らの助けになるごっこ

遊びのための現実と理想の境界はとてもあいまいです。

　さらに、年齢も境界を生み出す要因の一つです。子どもたちは異なる速さで成長しますが、私の経験では多くの3歳児－とりわけストレスを感じている3歳児－は、パペットセラピーの候補者になりやすいのです。そのような幼い子どもたちはしばしば、まるで生きているように動くパペットを怖がります。そのような子どもには、手に持てるくらいの大きさの人形を使って、パペットの声ではなく私たち自身の声で語りかけ、私たちがその人形を動かしているのを見せるようにしています。子どもが深刻なストレスを感じている時は、一時的に認知的、社会的、感情的発達が止まり、しばしばもっと幼い子どものように振る舞ったり、反抗したりします。

　現実性と空想の違いを理解することは、私が出会ってきた多くの3歳児の初期の発達段階の課題だったようです。3歳以下の子どもは、私のパペットが“実在する本物”と固く信じているようでしたが、3歳以上の子どもはパペットが実在する生き物ではないことがわかっているので、可愛いくて安全なものと思っているようでした。しかし3歳児はそうは思わないないようで、本当にパペットが話しをしているのかどうかわからないことで当惑していたのです。私が病院でセラピーを担当したほとんどの3歳児は、一緒にパペットのことを話すことに多くの時間を費やしました。彼らは私にパペットがどのように話しをするのか尋ねますが、私の言うことを信じないのです。「私がオードリーをしゃべらせているのよ」と言っても彼らは強く否定します。私は子どもにオードリーを演じて見せますが、それでも彼らは私の言うことを信じません。

　未だに私は一緒に仕事をする3歳児に問いかけています。病院スタッフの視点から見ると、これは道理にかなっています。小さな子どもには、治療の流れや痛みの意味や目的を説明することは難しく、そのため多くのスタッフが助けを必要としているのです。一人の看護師がうっとりして、「彼女はとっても可愛いの！」あるいは「彼はとても賢くて話し好きなの！」と言いました。この最後の子どもは循環器の研修医から依頼されました（むろん、可愛いさはパペット遊びを有効に使う子どもの能力を評価する上では無関係ですが、幼い子

どもにとって、言葉が巧みであることがパペット遊びをすることと通常無関係であることを理解するのは困難です）。

　愉快で粘り強く口が達者な3歳児といえども、私がオリビアを見ていてわかったように、所詮3歳の子どもです。彼女はとてもませた女の子で、重症ではありましたが治癒可能な腎臓病で入院していました。

　私が初めてオリビアと出会った時、彼女はいとも簡単に母親から離れ、通常のやり方で遊び始めました。私は彼女にオードリーダックを紹介し、彼女が使うためのパペットをいくつか手渡しました。オリビアは長いことオードリーをながめてから聞きました。「どうやってしゃべるの？」「私がしゃべらせるのよ」と答えましたが、同様の問答が繰り返されました。数分後、彼女は直接オードリーに話しかけましたが遊び始めようとせず、オードリーをひたすら見つめながら、「あなたはどうやってしゃべるの？」と尋ね続け、オードリーは「スーザンが私をしゃべらせるの」と答えました。

　同様の質問が3回繰り返された時、私は彼女が私の返答を理解していないことに気付きました。「私がオードリーをしゃべらせているのよ」ともう一度言って、「こんなふうにね」とどのようにオードリーをしゃべらせているか彼女に見せました。「同じようにあなたもパペットをしゃべらせることができるのよ」私は彼女が象のパペットをはめるのを手伝いました。彼女は右手にはめたパペットをじっと見つめ、「しゃべりなさい！」と命令し、それから私にほほえんで小さな声で言ったのです。「私のはしゃべらないわ」

　私たちはこの後しばらく同じようなやり取りを繰り返しましたが、ついにオリビアは母親が恋しくなり、すすり泣きを始めました。運悪く私たちが気付かないうちに、彼女の母親は病院のコーヒーショップに行ってしまっていたのです。これを聞いて、私はすばらしい考えを思いつき、「オードリーのママがコーヒーを飲みに行ってしまったことにしましょう！」と提案しました。これなら自然にオリビアが母親がいないことに対する気持ちを表現できるし、一時の別れと再会の流れを行動に表せるかもしれません。満面の笑みが彼女を悲しみから開放しました。「いいわ」と言って彼女は象のパペットを掲げました。

「私のママはコーヒーを飲みに行ってしまったの」オードリーは言いました。「私は怒ってるし悲しいわ。でもママが戻ってくることがわかってるの」長い沈黙が続きました。オリビアは象のパペットを置き、長い間私をじっと見つめた後オードリーの方を向いて、「あなたはただのパペットでしょう。あなたにママはいないはずよ！」と言いました。

　この状況の何が問題なのでしょう？　そこにいたのは、思っていることをきちんと表現でき、人懐こく好奇心旺盛な３歳児でしたが、私とごっこ遊びをすることはできませんでした。彼女の現実と空想の境界を明らかにしようと私が色々試みたにも関わらず、彼女はそれを明らかにすることができなかったのです。彼女は考え始めました。実際、この問題を整理するのは、彼女にとって最も重要なことのように思われましたが、彼女はその問題に取り組む十分な自信がなかったため、感情を表現したり、問題に対処するための手段としてパペットは役に立たなかったのです。

　ごっこ遊びは、現実と空想の境界と同様に、行動の境界も明らかにします。特にパペットは抑圧から開放してくれるので、自己表現に役立ちます。しかし、パペットは本物（現実）ではないという事実を見失った場合、子どもが恐ろしい空想に圧倒されるのと同じように、ごっこ遊びが怒りや恐怖の感情を刺激してパペットに暴力行為をさせた場合にも子どもは圧倒されます。安全な自己表現のためにも、"ごっこ遊び"の境界は行動の制限を含まなければなりません。私が以前から言及してきたように、私が子どもに設ける制限はただひとつ、「怒っても良いけれど、パペットを使って叩いたりしてはいけないわ」ということです。

　これは簡単なルールですが、守らせるにはいくつかの配慮を伴います。子どもと大人がパペットで遊んでいる時、大人の反応は決まりきっていることが多く、パペットを通してルールを強要しています。そうするとパペット遊びの筋書きは次のようにどんどん悪化してしまいます。

子どものパペット：	やっつけてやる！（大人のパペットを攻撃し始める）
大人のパペット　：	叩かないで！　殴らないで！
子どものパペット：	（さらに激しく、興奮して殴り続けながら）やっつけてやる！
	ぶちのめしてやる！

　このような時に子どもからパペットへの同情を引き出そうとしてもうまくいきません。「オードリーは叩かれることは好きではないわ」という言い方をされると、子どもは大抵ポカンとして肩をすくめ、暴力を続けます。

　このようなやり取りの問題は、パペットがおもちゃであるために子どもを混乱させることにあります。パペットの口から出た言葉は全て、誰かに言わされている言葉なのです。パペットが「痛い！　痛い！」と大声をあげても、子どもは（当然のことながら）私たちがパペットに痛いと言わせているのだから攻撃をやめる理由はないと思っているのです。「オードリーは叩かれることが好きではない」と言っても現実的に聞こえないのです。

　さて、子どもが私のパペットを攻撃し始めた時、私は「怒ってもいいけど、叩いてはだめよ」と対応することを学びました。しつこく理由を聞かれた時は、「パペットの中に私の手が入っているからよ。私は叩かれたくないの」と本当のことを言います。多くの子どもたちはそう言えばわかってくれますが、攻撃的な衝動をコントロールすることに苦労している一部の子どもたちにとっては、たとえば、パペットの抑制されない本質(性質)－素晴らしいことは、このような効果的で治療的な道具が作れるということですー は、あまりにも刺激的で脅迫的です。パペット遊びは停滞し、どんどん抑制の利かない危険なものとなります。これらの事例では私はパペットを手から外し、構造的で刺激を避けた遊びを行います。

　しかし、一度安全な遊びの場が作られると、子どもの創作は不可侵なものとなります。私は遊びを助け、特有のテーマを与えようとしますが、子どもたちは私の助けに対してあらゆる方法で自由に反応します。できるだけ子どもが決め、私はそれについていきます。

　私は、お腹を空かせた竜や怒った恐竜、ひどい魔女、残酷な医者でいっぱい

の空想の中の恐ろしいもののふりをして子どもたちの遊びについていきます。とりわけストレスを感じている子どもたちにとって、このやり方はしばしば怒りや破壊の空想を伴い、私たちの遊びの内容は、自分の子どもはとても良い子だと信じてセラピーを受けさせている親にとっては理解しにくいものです。それは私もわかっています。私が多くの子どもの不幸や怒り、恐れや不作法を我慢することはできますが、常に一緒にいる親にとっては耐え難いことです。そのため、私は子どもの怒りの空想にうんざりしている親に同情するのです。

　腸の病気で入院していた4歳のエマとのセラピーは忘れられない出来事の一つです。彼女は可愛らしく、魅力的であり、彼女の父親を喜ばせていましたが、彼女がオードリーにしていることを見た父親はとても当惑していました。

　エマはオードリーの羽を丁寧にふき、オードリーに注射を打つ必要があると言いました。私はオードリーを泣かせましたが、エマはオードリーに長く、見るからに痛そうな注射をしたのです。辛い治療が終わると、エマはオードリーを腕の中に抱いて彼女が泣くのをなだめて背をさすり、「そうね、そうね」と小さな声で言いました。

　エマが同じことを何度も何度も繰り返すのを見ていた父親はついに耐えられなくなり、「エマ！」と叫びました。「もう十分だろう？」「いいえ」エマは穏やかに言い、さらに長くて痛い注射を打ち続けました。

　後で私は父親を別室へ呼び、暴力的なイメージや暴力に近い行為が盛り込まれた空想遊びと、実際の暴力に発展する遊びとの違いを説明しました。子どもたちが入院中や人生の重大局面でしばしば経験する強い怒りの感情を認めるという私の見解からすると、エマの遊びは彼女が他の方法では表現できなかった感情を、健全かつ強烈に表現するためのはけ口だったのです。境界がはっきりした遊びの中でそれらの感情を表現することで、彼女は自分自身や他の誰かを傷つけることなく、怒りを積極的に表現することができました。同時に自分の身に起こったことを伝え、その経験を克服することもできたのです。それは彼女が複雑で不安な状況を処理し、乗り越える方法でした。しかし、エマの空想遊びの内容を理解し、不安を感じさせないために、父親は彼女の感情の激しさ

や抱えている怒りを認め、それを尊重しなければなりませんでした。私たちの愛する子どもたちにとって、子どもたちが直面していることが大きなストレスか日常のささいな問題かに関わらず、内に秘めた感情を尊重してもらうことは難しいことです。

　子どもが自由にごっこ遊びをするために安全であると感じる制限と境界を設定することが不可欠であるのは矛盾しています。さらにもう一つの矛盾は、ごっこ遊びは子どもが本当に自分らしくあるための、時には唯一の方法であるということです。子どもは誰かになりすまし、空想の世界にいるふりをしている時にこそ、偽りのない考えや悩み、感情を表すからです。

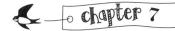

chapter 7

カラ

ごっこ遊びに隠れた真実

　子どもの頃、私は少し威圧的な家族との冷戦の恐怖の真っただ中で、自分にはどうすることもできないように思えた世界から自分を守ろうとして、パペットに夢中になりました。このような環境で生活するためには、従順な"良い子"でなければいけないと信じていたのです。しかし、私は真の自己の重要な構成要素を消し去るのではなく、そのエネルギーを元気で反抗的で、しかも勇敢なキャラクターのパペットを創造することに注ぎ込みました。私はそうすることで子ども時代を生き抜き、本当の自分自身を守ってきました。大人になり、怒りや恐怖に直面した時、考えをはっきり述べ、毅然とした態度をとることを学びました。しかし、今になっても－私のかなり痛ましい滑稽さであるのですが－直接ではなくオードリーダックを通して話している時の方が、自信に満ちていると感じることが度々あります。

　最近、大学で行われた子どもの遊びに関するセミナーの休憩時間に、この分野で高く評価されている教授であるスミス博士の元へ行き、セミナーでの教授の考えについて質問し、またそれに反対する意見を述べました。彼は専門分野において自分の見解が尊重されることに慣れていて、自分が重要だと思ったことはめったに質問されることはないと考えていたようでした。私たちは遊びの意味について話しをしましたが、すでにお気づきのように、これは私がとても大切にし深く考えてきたことでした。博士は、遊びを現実であると同時に、現実ではないと考えることが重要だという私の意見を突っぱねました。実際、博士はばかばかしいとは言いませんでしたが、いかにも軽蔑しているような様子

だったので、私は自分の意見が非難されているとを感じ始め、悔しくて考えがまとまらなくなり、自分の考えについて説得力のある議論を展開することができませんでした。それまでのセミナーはとても楽しかったのですが、その後のセミナーの間中、私は心安らかではありませんでした。

　しかしその数時間後、セミナーのリーダーがパペットを使った私の仕事のやり方を見せてくれないかと依頼してきたので、私は何の準備もしないまま、パペットと次のような会話をしました。

> **オードリー**： ここで私たちは何をしているの？
> **私**： 遊びについて話をするのよ。
> **オードリー**： 遊びって何？
> **私**： あなたよ。あなたこそ遊びなのよ。
> **オードリー**： 私は現実ではないってこと？
> **私**： そうとも言えるし、そうでないかもしれない。
> **オードリー**： おやまぁ…スミス博士はどのようにお考えですか？

　これを聞いて、スミス博士をはじめ教室にいたみんなが笑いました。私は満足しましたが、この対話で私の考えを周りの人に知ってもらえたことに驚きました。私は自分の考えを述べたり挑戦に応じるには、オードリーの声に頼る必要があると何年も前から感じていました。しかしこのことを最近、セミナーで行ったパペットを使った実演で経験できたことは有益でした。この経験は直ちに自分の糧となり、オードリーの声と真実の私自身との間の驚くべき関係を強化することになりました。さらに、この経験は再び子どもの"ごっこ遊び"は、内面生活へのアクセスを可能にするのだという考えを確固たるものにしました。子どもたちがごっこ遊びを通して自分を表現するために充てられた時間と空間は、自己を表現し、自己を解放するために、様々な創造的方法を使うことによって大人になる対処スキルを身に付ける術を提供するからです。

　もし、私たちが周囲の状況を危険、あるいは安全でないと認識すると、自我が傷つけられないようにするため仮面をかぶり、真実の自分は自分が創り上げ

た安全な仮面の後ろに隠れます。

　私たちの多くが、時にウィニコットの「偽りの自己」を装い、そうすることで自分を助けることがあります。就職の面接では全力を尽くします。私たちは誰かの感情を傷つけないように思いやりのある嘘をつきます。また会合では賢い振る舞いをします。私たちは社会の中で、機能するためにやるべきことをやっているのです。しかし、自己や自分の感情を常に拒否されたり脅かされたりする環境で成長した子どもは、多くの時間、「偽りの自己」を装うことを強いられるのです。このための犠牲は大きく、壁を作り、それを高くするには多大な精神的エネルギーを必要とします。それが極端な場合、「偽りの自己」を長い間装っていると、うつ病や自殺にさえ繋がることがあります。正直な感情を表出しないと、次第に真実の自分との接触がなくなり、自分の真実の感情にアクセスできなくなる危険があるのです。

　時には両親や世話をしてくれる人の最良の心遣いでさえ、子どもに真実を述べない方が安全であるというメッセージを伝えることになります。子どもは自分を愛する大人の感情の強さやその限界をよくつかみ、大人の真実を感じ取りますが、大人は子どもの真実の声を聞き取ることができません。どのような理由があるにせよ、真実の感情の表出ができない時に遊びを通してそれができることは、とても貴重なスキルなのです。

　4歳のカラの強さは不屈の決意に満ちた輝く瞳を見ればわかりました。歩行器を卒業してからの彼女は、小さなビリヤードボールのように、デイケアセンターの中を飛び跳ねていました。彼女が松葉杖を使いたくない時に体を支えるため伸ばした手が、センターの壁にかすかな手形を残しました。彼女は決して足を使ってバランスを取ろうとしませんでした。セッションの行き帰りに時々彼女は私の手を握って、行きたいところに辿り着くまでもどかしげに私を引っぱりました。

　カラは生まれながらHIVに感染していて、ともに感染している母親と父親、感染していない姉と一緒に住んでいました。HIVウイルスによって中枢神経系が壊されたために歩行障害になり、厳格に定められた投薬計画に従うことに加

えて大きな整形外科手術を2回受けていました。2回目の手術は私が彼女に最初に出会ってから数か月後に行われました。

カラの両親はポジティブで前向きで明るい人でした。彼らは悲しんでいるだけでなく、むしろ限られた時間を生き抜くこと、前に進むことを考えていました。彼らが背負うストレスの大きさ、すなわち貧困、カラのHIVと足の問題、そして彼ら自身の病気を考えると、彼らの不屈さ、強さ、楽観的なものの見方はすばらしいものであり、それが彼らを支えていたのです。

カラの両親の不屈さと嘆かない姿勢は、多くの点で彼ら自身を支えただけでなく、カラをも支えました。受けることができるサービスがあればカラはそれらを利用し、ためになるプログラムがあれば参加しました。しかし、少なくともカラにとっては、そのような前向きな態度であるがゆえに犠牲も伴いました。4歳にして、彼女は喪失や外傷に直面した時でさえ、恐れや空想を一人で負うことを学習していたのです。

カラの両親と教師は、カラを「元気」「強い」「積極的」とりわけ「自律的」だと言い、悲しそうとか怯えているという表現は決して出てきませんでした。彼女の両親も彼女も病気で、その上彼女は歩くもできず、毎日ひどい味のする薬を飲まなければなりませんでしたが、決して悲しいようにも怯えているようにも見えませんでした。彼女は、自分の小さくてストレスに満ちた世界では、弱さを見せる余地がないことを幼い頃から知っていたのです。例え彼女が怒りの気持ちを表に出すことで問題が起きても許されたかもしれませんが、一瞬たりとも悲しみや絶望の精神的負担を認め、それを投げ出すことは許されませんでした。

カラは投薬を受けている他の子どもより苦労しました。筋肉が弱かったために丸薬を飲み込むことも大変だったのです。彼女はセッションではオードリーに繰り返し薬を与え、いやがるオードリーを遮りました。

「薬なんか飲みたくない」と叫ぶオードリーにカラは、「飲まなきゃダメ」と言い張り、私に「オードリーは薬を飲みたがっている」とうそを言いました。

「飲みたくないわ」とオードリーは再び叫びましたが、カラは聞こえないふ

りをしました。オードリーは彼女の薬を飲まなければならなかっただけでなく、それを好きにならなければなりませんでした。子どもたちは幼い頃、自分の家族や社会での感情や表現についての規範を自分の中に取り込みます。カラはまずい味の薬を飲まなければいけないだけでなく、その薬を飲むことが好きにならなければいけないと思っていました。そこで私はオードリーを通してカラに別の視点を示しました。

　私とカラの一回目のパペット遊びは親の死や子どもたちの死の話題等、死であふれていました。実際、カラの父親の病気は新しい混合薬が使えるようになる前に病状が悪化していましたし、すでに両親は何人かの友人と親戚を HIV で失っていました。死は不気味な海の生き物のように、カラの遊びに影響を与えていました。死は彼女の空想を突然押しのけて平穏な日常を突き破り、何の不安も持っていない家族や友人を飲み込んだのです。死について非現実で漠然とした認識しか持たないコーナーコープ幼稚園の子どもたちと違って、カラの遊びにはいつも彼女が愛した人々の喪失に関する話題が含まれており、死やお葬式についてもよく知っていました。

　二回目のセッションで、カラはオードリーの父親がオードリーが薬を飲んだことを喜んだという設定で抱き締めさせました。それから突然、カラはオードリーの父親のパペットを手から外し、テーブルの上に置きました。

> 　　カラ：　あなたのお父さんは死んじゃったわ。
> オードリー：　パパは死んじゃったの？
> 　　カラ：　そう。
> オードリー：　私がどんな気持ちかわかる？
> *カラは黙っています*
> 　　私：　オードリーはどんな気持ちだと思う？
> *カラは黙っている。私たちの質問を無視して別の人形を手にはめます*
> オードリー：　待って。私のパパは死んじゃったの？
> 　　カラ：　そうよ。
> オードリー：　悲しいわ。
> カラ(悲しそうに)：　彼にお花を。

その数分後、カラは遊びにオードリーの母親と赤ちゃんを登場させましたが、どちらもすぐに死なせました。「誰が私の面倒を見てくれるの？」とオードリーが泣きながらカラに尋ねると、「私よ」と彼女は明るく答えました。その後、カラは私たちのセッションで毎回パペットを死なせました。

間近に迫った手術についてカラと話しをした時、彼女の目の輝きは弱くなり、お医者さんごっこ遊びはより過激になりました。ある日、カラはオードリーと病院に行かなければならず、腕に挿入したチューブから静脈内に薬を投与する必要があるのだと言いました。カラは、なぜ病院に行くのか、なぜ静脈内注射が必要なのかと聞くオードリーの問いかけには答えようとしなかったので、間に入って踏み込んだ情報を提供するのは私の仕事となりました。

「でも、どうして私は病院に行くの？」とオードリーはもう一度聞きましたがカラが答えなかったので、「病気の時やどこか具合が悪いところを治してもらいたい時は病院に行くでしょう？」と私が代わりに答えましたが、カラは私の説明を無視しました。センターにいる子どもたちには色々な治療が行われていたので、私がいたオフィスにはおもちゃの医療用具が入ったお医者さんごっこのキットがありました。カラは静脈内注射をするための注射器を手にして、オードリーはこれで泣くことになるわよと言うと、その通りにオードリーは泣き出しました。

オードリー：	痛い！　痛いわ。注射は嫌いなの。しなくちゃいけないけど嫌い。注射でよくなるかもしれないけど、嫌いなの。
カラ：	どうするの？
オードリー：	注射しなくちゃダメ？
カラ：	ええ。
オードリー：	私が注射をどう思っているか誰かに話してもいい？
カラ：	あなたのママには言っちゃダメ。
オードリー：	ママに言ってはいけないの？　なぜ？
カラ：	秘密だからよ。
オードリー：	ああ、いや！　誰になら話していい？
カラ（オードリーを無視して）：	さあ息を吸って。

彼女は聴診器を持ち、オードリーに深呼吸するよう言います。

オードリー： なぜママに言ってはいけないの？

カラ： 秘密だからよ。

オードリー： なぜ？　誰が私にそれを秘密にするよう言ったの？

　カラはこの問いかけにどう答えたらよいかわからないようでした。そしてオードリーは自分の気持ちを秘密にしなければならないと言ったのは誰か答えてもらおうとしましたが、カラは答えませんでした。

　怒りや恐怖、悲しみは、入院治療をはじめ、親の離婚や家庭内のトラブルといった子どもの人生におけるストレスに対する合理的な反応ですが、私たちはしばしば無意識に子どもがこのような感情を人に話さないように大きな圧力をかけているのです。

　私自身、親として理解できます。娘が悲しんでいたり怒っていたり、何かに怯えている時、私は娘の負の感情を自分自身の場合より耐え難いものと感じます。親であれば誰しも、自分の子どもたちが健康で幸せであることを望みます。しかしいつもそうであることが良いとは限らないこと、つまり、悲しみ、恐怖、怒りなどの感情の表出や表現が適切であるというだけでなく、健康の証であるということを認識し、理解することがとても重要なことなのです。

　私たちの中には子どもたちが何らかの負の感情を率直に表現するのを聞くことに、とりわけ苦痛を感じる人たちがいます。おそらく、私たちはそのような気持ちの表現が奨励されていない、それどころかそういった気持ちの表現を積極的に妨げている家庭の中で成長したのかもしれません。極端な場合、一部の家庭では、そもそも負の感情というものを経験することさえ道徳的に間違っているとしているからです。こういったことは心理的装置を損なわせ、「真実の自己」を消し、「偽りの自己」を発達させるように子どもを導く必要条件だからです。しかしながら、セラピーでこういった問題を持つ子どもを時間の経過とともに観察すると、(1)根強い習慣や行動を変えるために必要な心理的治療を進んで受けさせたいと思い、(2)長期的な治療のための資金があり、(3)治療を行うスタッフを提供するための人的・物的援助資金を備えた機関と関わり合いを

持っている、という条件を備えた親がその気になった場合、良い方向への変化をもたらすことが可能です。

　残念ながら、通常これらの条件は必ずしも満たされません。私が仕事で知り合った多くの子どもは、短期滞在のために病院に閉じ込められ、心理的支援サービスなしで帰宅させられるか、または家族支援のために最小限の援助資金しか備えていない託児所に登録されます。多くはその日その日を生きることで精一杯で、他のことなど考える余裕もない貧困に喘ぐ家庭の子どもたちなのです。私は一緒に治療に当たったスタッフと家族をとても尊敬しています。現実に最適な支援がないため、私たちにできる最善の策は社会変化のために働きかけをすることであり、その一方で子どもに問題に対処するための代替モデルを与えることです。カラは母親が自分の恐怖や怒りを担うことができないことをわかっていました。スタッフはカラが手術に対して抱いている恐怖や怒りを彼女が受け入れるように、カラの母親にも一緒に働いてもらおうとしていました。しかしそれには時間がかかるでしょう。そのような中で、私はカラの感情を理解する人もいることをカラに知って欲しかったのです。

オードリー：　私が病院にいることをどう思ってるか、誰かに話してもいい？　私は誰になら話していいの？

カラ：　あなたのママには言っちゃダメ。

オードリー：　学校で先生に話してもいい？

カラ：　ダメ。

オードリー：　ジュネーブ［スクールサイコロジスト］には？

カラ：　ダメ。

オードリー：　スーザンには？

カラ：　ダメ！

オードリーに眉があるとすれば、その眉を引っ張って痛い目に合わせようとして

カラ：　引き抜くよ！

オードリー：　痛い！　眉毛を抜かないで！　やめて！　痛い！（カラをやめさせようとして）私は身体のどこかを治さなきゃいけないから、ここにいたくはないけど入院してる。それなのにそのことを誰かに話すことも

> できない。もし私がママに話したら、ママはどうするかしら？
>
> カラ： ママには話しちゃダメ。(再びオードリーの羽を引き抜く)
>
> 私： オードリーが思っていることを打ち明けられる誰かが必要よ。すべての気持ちを秘密にするにはあまりにも重すぎるから。あなたはオードリーが入院していることをどう思っているの？
>
> カラ： オードリーは病院にいなきゃ。
>
> 私： 彼女は入院しないといけないの？
>
> カラ： そうよ。
>
> 私： じゃあ、オードリーは入院をどう思っているの？
>
> *カラは答えられません*
>
> オードリー： 私が入院について感じたのは、怒りや悲しみ、それから怖れよ。
>
> カラ： そうなの？
>
> オードリー： この気持ちを誰にも言っちゃダメ？
>
> カラ： ダメ。
>
> オードリー： どうして？
>
> *今度も、カラは答えることができません*
>
> オードリー： ここにいたら良くなるの？
>
> カラ： いいえ。
>
> オードリー(がっかりして)： 良くならないの？ 誰かに話したい。(私に向かって)私がどう思っているかカラに言ってもいい？
>
> カラ： ダメよ。
>
> オードリー： 誰にも？
>
> 私： これは小さな女の子が心にしまっておくにはあまりに大きな秘密よ。

　この時、カラはオードリーの血をふき取るのに大忙しで、私が言うことは聞こえていないようでした。「あなたが入院中に感じている気持ちを学校の先生に話したら、先生たちはその気持ちをわかってくれると思うわ。なぜかですって？　誰も病院に入院するのは好きじゃないからよ」と私はカラに言いました。でもオードリーがどんなに話しても、カラはその日オードリーが表した気持ちの正当性を認めようとしませんでした。それでもオードリーはカラに自分の気持ちを話し続け、私もそんなオードリーをサポートし続けました。

　入院が近づくにつれてカラの目の輝きは失われ、ぼんやりするようになりました。彼女は笑わなくなり、微笑むことさえまれで、いつものように楽しそう

に元気に遊ぶこともなくなりました。むしろ、かろうじて抑え込まれた恐れや激しい怒りの感情を胸に沸々とさせながら、駆り立てられるようにパペット遊びを続けていたように見えました。彼女は空想の中を、最も恐ろしい感情が沸き立つとそれだけを引っ込めながらさまよっていましたが、決してパペット遊びをやめようとしませんでした。そして、彼女がパペットを死なせたり、ひどいことをするという自暴自棄な悪夢を通してさえ、私は彼女の基本的なやさしさと彼女が愛されているというゆるぎない現実を垣間見たのでした。

　ある日、私たちがオードリーやカタリオンと一緒に遊んでいると、カラはオードリーが医師と約束があってもうここには戻って来ないと言いました。彼女の気が変わらなければ、オードリーにはもうできることがないと思われましたが、オードリーは再び戻ってくることになりました。それからカラは他の子がオードリーと遊んだ時にオードリーの腕に貼ったままにしていたバンドエイドに気づき、それを剥がしてオードリーにキスしました。「注射をしたの？」彼女はやさしく尋ねました。「あなたが注射をする時は誰かあなたにキスしてくれる？」とオードリーが聞くとカラはうなずき、「痛いのよ。病院に行って注射するのよ」と言いました。

　今度は突然、カラはカタリオンを叩き始めました。「怒ってるの？」とカタリオンが尋ねると、「ええ！」と答えたカラはオードリーのことも叩きました。「オードリーとカタリオンは私のこときらいなのよ！」とカラが私に言ったので、「あなたは彼らのこと怒ってるの？」と私は尋ねました。「あなたが怒っていると彼らに言葉で言える？　怒ってもいいけど叩いてはダメ」

　「私はあなたたちに怒ってるの！」とカラは怒鳴りました。彼女はオードリーも怒っていたと言いましたが、オードリーが怒っている理由は言おうとしませんでした。そしてついにオードリーは自分から怒っている理由を話しました。「私は病院に行かなければならないから怒っているの」

　カラはすぐに大声で興奮して言いました。「そう！　そう！　そう！」しかし彼女はオードリーにそれ以上詳しくしゃべらせず、その代わりに忙しく赤ちゃん人形のお世話を始めました。カラは赤ちゃん人形を病院に連れて行くと

言って、私が手術の話しをしようとしても赤ちゃんの世話で忙しく、話しを聞こうとしませんでした。しかしカラは私が話しを止めると、それについてオードリーが話しをするよう私に命令したのです。

　突然、カラは赤ちゃんの世話をする人が誰もいない所へ赤ちゃんを閉じ込めると言いました。それから彼女は、オードリーのママは病院に来られなかったし来ようともしなかったと言ったのです。

　事実、これについてはすでに話したことからわかると思いますが、私はカラの母親が何を差し置いても病院に来ることを知っていました。子どもたちの遊びは内的経験から生まれるので、現実よりも恐怖や空想、あるいはこの2つの組み合わせを反映するということを覚えておくことが重要です。これは入院が迫っているカラに、母親から見捨てられることはないのだと安心させるために伝えたい重要な情報でした。

　彼女は見捨てられるのではないかという大きな不安を口にするとすぐパペット遊びを止めてしばらくの間積み木で遊び始めました。ごっこ遊びには内面の問題に取り組むための安全弁が組み込まれています。子どもは通常、カラのように遊びがおもしろくなくなったり、危険を感じると遊びを止めます。強制的もしくは命令的ですが、遊びに戯れることと矛盾することになります。

　私はしばらくの間カラの積み木遊びに付き合いましたが、まもなく彼女は別のパペットを手に取って、それを赤ちゃんだと言いました。「時々、自分のこと赤ちゃんみたいって思うわ」とオードリーが言うと、カラは「あなたは赤ちゃんよ」と言いました。

　カラが母親に見捨てられるのではないかと感じている不安を払拭することに関連して、私はオードリーに、「あなたのママはあなたと一緒に病院にいるつもりかどうか、ママに聞ける？」と話しかけると、カラの反応は素早くきついものでした。

　　　　カラ：　　いいえ、聞いちゃダメ！！！！

オードリー：　ダメなの？

　　　　カラ：　ダメ！　ダメ！　ダメ！

オードリー：　私は怒っているわ！

　　　　カラ：　ダメ！　ダメ！　ダメ！

　その後、オードリーが再び怒っているかどうかを尋ねると、「もちろん！」とカラは答えましたが、怒っている理由は言いませんでしたし言いたくもありませんでした。しかしオードリーと私はそこで引き下がりません。

　「私は怒ってるわ！」とオードリーはさらに言いました。「いいえ、あなたは怒ってないわ」とカラ。そこで、私はカラに「オードリーはママに自分が感じている気持ちや不安を話した方がいいわ」と言ってみましたが、カラは隠しておくことに強く執着し、母親に言ってはダメだと言い張りました。

　オードリーはカラにまた会えるかと尋ねました。私がまた会えるだろうと言うと、カラはもうここには戻ってこないと答えました。彼女は医者の所へ行くと戻って来られないと思っていたのです。「私もそれがこわいわ」とオードリーも言いました。カラは戻ってこないと繰り返して遊びに夢中になりました。彼女はパペットを切りつけてパペットは死んだと言い、それからオードリーも死んだと言いました。

　カラは恐ろしい病気によって複雑になった経験によって、弱さ、恐怖、または怒りを直接認めることができなくなっていました。彼女がこれらの受け入れがたい感情を安全に表現することができるのはごっこ遊びの中だけであり、ごっこ遊びをそれらの感情に強く、かつ間違いのない声を与えるために使用したのです。彼女がそうすることができたのは内面的な強さの証拠なのです。

　次に私がカラに会った時、彼女は赤ちゃん人形に授乳させたいので、赤ちゃんの邪魔をしないようにオードリーに静かにするように言い、オードリーが口を開くたびに、シッ！　と言って黙らせました。彼女は赤ちゃん人形に注射をしましたが、それについてオードリーには何も言わせませんでした。カラの入院が差し迫っていたので、私はオードリーも近々入院するということにしまし

た。オードリーはそれについて話したくないと言いましたが、カラは話さなければならないと言い張りました。

「私は色々な感情を持っていると思う？」とオードリーが尋ねるとカラはうなずきました。しかし、オードリーがカラにどのような感情を持っていると思うか尋ねると、カラはそれには答えませんでした。オードリーの「なぜ私は病院に行くの？」という問いにカラは「行きたいからでしょう」と冷静に答え、「私も病院に行くのよ」と付け加えました。

私はもう一度、オードリーは病院に行かなければならないけれど、別に行きたいわけではないと説明しました。オードリーが病院で何をされるのかと尋ねると、「注射」とカラは答え、注射をする真似をするとオードリーが声を上げたので、哺乳瓶をオードリーの口に押し込みました。私はオードリーと病院について話しを続けようとしましたが、カラは話題を変えました。オードリーはカラがなぜ手術が必要なのか尋ねましたが、カラはその質問を無視しました。

オードリーが入院する時、オードリーはママと一緒にいられるのか尋ねると、カラの答えは「ダメよ」でしたが、私は会話に割り込んで大きな声で「一緒にいられるわ」と答えました。

それから、カラは赤ちゃん人形には手術が必要だと言ったので、オードリーが赤ちゃん人形は悪い子だから手術が必要になったのかしらと聞くと、カラはその通りだと答えました。そこで私は間に入り、手術は手術を受ける子が良い子か悪い子かは関係ないと説明しました。

良かれ悪かれ、就学前の子どもたちは、自分が宇宙の中心であるばかりでなく、大小さまざまな出来事の原因として自らをとらえる傾向があります。世界がその周りを回る太陽としての自分の位置を放棄する（つまり全てを自分の視点から見る自己中心性から脱却する）ことは成長の一部です。私たちは人はそれぞれの視点を持っていることを学びます。多かれ少なかれ、私たちが自分でコントロールできるものもあり、コントロールの及ばないものもあることを学びます。生活の大部分が良いもので満たされている子どもにとっては、この自己中心性は役に立ちます。つまり、就学前には出来事の原因として自らをとら

える傾向は、世界を前向きに変えることができるという経験を増やすことになるからです。

　問題は、幼い子どもたちが、例えば身近な人の死、両親の離婚、入院、引っ越し、親の不在、家族の不和など様々な悲しい出来事を経験すると、自分自身がその原因なのではないかと考える傾向があるということです。私がこういった問題に直面している就学前の子どもたちを相手に仕事をする時は、いつもパペットに責任の問題を取り上げて聞きます。「それは私のせいなの？」とオードリーがつぶやくと、少なからず幼い子どもたちは声をそろえて「そう！」と答えるでしょう。私のパペットや子どもたちに"それはあなたのせいではない"と安心させることは、私の責務なのです。

　お医者さんになったカラは赤ちゃん人形の手術を始めました。手術の途中で、「お医者さんは私の足を切るけど痛くはないわ」とカラが言ったので、私たちは彼女が受けるであろう麻酔について話しました。

　数分後、カラの遊びはもっと奇想天外なものになりました。手術、死、喪失そして怒りが混ざったイメージが、脈絡もなく重なって急速に変化して現れては消えていきました。カラは恐怖の万華鏡を作っていたのです。遊びの中でオードリーのママとパパは亡くなり、オードリーも手術中に亡くなりました。病院での医療で殺されたのも同然です。オードリーは死んで怪物になり、オードリーのママとパパは再び死にました。オードリーもまた手術中に亡くなりました。オードリーが私に噛み付こうとした時、カラはオードリーを目覚めさせ、オードリーは治療が原因で死にかけていると言いました。

　私は、医療が原因で死ぬことはないとオードリーを安心させましたが、カラは赤ちゃん人形の世話でとても忙しそうで、また私の言ったことは聞こえていないようでした。それから彼女はマスキングテープを見つけると、赤ちゃん人形に巻き始めました。「あら、ギブスみたい」とオードリー言いましたが、カラはまるで何かに取りつかれたように、切迫した様子で赤ちゃん人形にテープを巻き続けました。彼女は赤ちゃんの手、目、さらには口にさえ、ミイラを包み込んでいるかのようにテープを巻きましたが、足には巻きませんでした。彼

女は赤ちゃん人形がテープですっかり包まれるまでそれを続けたのです。赤ちゃん人形が転んでけがをしたのでギブスが必要なのだと説明しました。そして赤ちゃん人形は動くことも話すこともできないし、息を吸うことさえできないと言いました。

　「私は病院でグルグル巻きにされるのはいやだわ。怖いわ」とオードリーは泣き声で言いました。カラは明るく、「グルグル巻きにされるよ」と言いましたが私はそれには同意せず、ギブスでずっと固められたりしないよと言ってオードリーを安心させました。そして、グルグル巻きは胸から始まり足も包むかもしれないけれど、頭や腕が覆われることはないでしょう。カラは自分自身にテープで巻き始め、それから赤ちゃん人形も一緒にテープで巻きました。「赤ちゃんは一人でいたくなかったのね」と私が言うと、カラはそれに同意しました。数日後、カラは手術しました。彼女の不安な気持ちに反して手術はうまくいき、カラの母親や家族は病院で彼女に付き添いました。

　対話型のパペット遊びは、内面的経験と外的表現との間の分裂を整理し統合するのにとても役に立ちますが、パペット遊びはその唯一の方法ではありません。たとえば子どもが画く絵は、その外界に向けた仮面とは整合しない内面的経験を反映することができるからです。しかし、パペット遊びはその可能性にとりわけ富んでいるのです。絵とは異なり、言葉によって観点が表現されるため、理解が比較的容易だからです。また、表現手段としてのパペット遊びは、多くの視点を同時に表現できるという点でキュービズムに似ています。相反する感情の交錯とあいまいさを許容しつつ、複数の次元を保持するこの能力は、非常に強力な治療ツールです。

　私が子どもとパペットで遊ぶ時、それぞれが潜在的に異なる視点を持つ6人のキャラクターを同時に登場させることができます。2人がそれぞれ自分と、片手で遊ぶパペットがあると4人、それぞれがパペットを一つ増やすことでキャラクターは6人になります。子どもたちがしばしばそうするように、そのキャラクターを変えるとさらに多くの視点が生まれます。

　同時に、これらのキャラクター、またはキャラクターを作り出す能力は、受

け入れがたい考えや感情を守る役目も果たしてくれます。子どもが創るパペットのキャラクターには心理的な要素が隠されており、子どもが落ち着いていて冷静であったとしても、復讐心に燃えた怒り狂うモンスターやサディスティックな医者を創り出します。正直に表現したいという衝動と、それを表現するために自分とは別のパペットのキャラクターが安全な避難所であるという感覚は、自然に、瞬時に、そして多くの場合意識することなく生じます。一人であろうと他の子どもや大人と一緒であろうと、子どもが遊んでいる時のふり（ごっこ）は複雑で捕らえどころがありません。しかしながら、私たちが子どもとごっこ遊びをする時、私たちの反応は特定のテーマが展開されるかどうかや、どのように展開されるのかということに強く影響されます。ごっこ遊びがもたらす安全の感覚は壊れやすいのです。心理療法のエンカウンターの場合と同様に、この安全性は互いにルールや境界線を理解し、遵守することに懸かっています。たとえば、パペット遊びの中でパペットを通して出てくる言葉は空想とみなされます。私がその子ども自身の境遇と子どもが遊びの中で創ったストーリーとの間に関係を持たせようとすることはありませんが、子どもが自分でそうするのは自由です。セッション中に発生した暴力はすべて空想でなければなりません。子どもも私もパペットも実際に傷つけられてはいけませんが、子どもも私もパペットを通して何でも自由に発言することができます。

　これらのルールは暴力に関することを除いては明白にしません。ほとんどのルールは、色々な遊びの中で子どもが自然に守っているルールです。カラがオードリーの父親を死なせた時、私は彼女がしたいようにさせました。しかし、例え彼女が明らかに無言で死を見過ごそうとしても、私はオードリーを通して死に関する気持ちを自由に表現させることができました。遊びの中なので、カラは手術でオードリーやオードリーの両親を死なせたり、オードリーをずっと入院させておくこともできました。

　また、パペット遊びで子どもが自分自身の声も使うように、私はオードリーの声とは別に自分自身の声も使います。私が子どもにとって思いやりのある大人であり、セラピストとしての役割があったとしても、私は私自身だからで

す。私はオードリーのお世話をしていますが、子どもが遊びの中で私をオードリーの母親にしない限り、自分からオードリーの母親を演じることはありません。

カラの時と同じように、子どもたちの気持ちを確かめるために、また子どもたちに感情を表現するのは正しいことだと教えるためにも、私は度々私自身の声で会話をします。そうすることで、喪失、恐怖、怒りの感情を表現するオードリーの権利やその感情の正当性を守るのです。「泣いてもいいよ」とか、「誰でも手術をしなくちゃならなくなったら気が変になるよね」と度々子どもに声をかけることは、少なくとも私たちの関係において、子どもたちにありのままの自分でいいんだよと安心させることができるのです。

子どものパペットのキャラクターと彼らの感情表現に対する私の反応は、この安全感覚の鍵であり、慎重に考慮されるべきものなのです。オードリーダックを追い回してドラゴンのパペットを大声で吠えさせた子どもは実際の生活によくない反動がないことがわかります。子どもの代わりに私のパペットたちは恐怖や悲しみを表し、私自身の声やパペットの声で怒り狂うドラゴンが表す感情や、この怒りが引き起こしたり刺激したりするかもしれない（恐い！　悲しい！）などの感情の名前を見つけ出そうとするのです。

カラが最初にオードリーの父親を死なせ、それによってオードリーが負った心の傷にどんな感情もあてがうことができなかった時、私はカラが自分の感情を表現するための言葉と場所を見つけるのを手伝うことに力を入れ始めました。たいていの場合「オードリーはそれについてどのように感じていると思う？」という質問は、子どもたちが自分自身の心の中の感情をオードリーに代弁させて表現することを可能にする効果的な誘導方法です。オードリーは通常、子どもたちがあてがうどんな感情も持っています―その選ばれた感情がその出来事と全くかみ合っていない限り（そのようなことはめったにないのですが）。たとえば、もし子どもがオードリーは父親が亡くなったことを喜んでいると言えば、オードリーは「なぜ私は喜んでるの？」と応答するでしょう。

オードリーの気持ちに関する質問に答えなかったカラを見て、私は彼女が答

えない理由が何であれ、オードリーは悲しんでることを言葉で表現することが大事であると考え、そうしました。そうすることで、私はいくつかのことを同時に達成しました。カラから死に関する感情に対して「悲しい」という言葉が聞かれるようになりました。カラは子どもが大人の面前で（叱られたり、制止させられるという）否定的な結果を伴うことなく、安全に悲しみを表現できることを経験したのです。

　カラには怒りに‘怒り’と名前を付ける必要がありました。怒りの激しい感情は、あまりに強すぎると同時にエネルギーに満ちているので、特に自己統制能力がまだ発達途中の幼い子どもの場合、それらを抑えることが難しいのです。怒りを認識し、それに‘怒り’と名前を付けることは、怒りを管理できるようになるための一歩です。結局、カラは彼女が怒っていたことを認識し、さらにはそれを事実として認めました。しかしその後、カラはオードリーを叩きながら、パペットがカラのことを好きではないとちょっと不可解なことを言い出しました。この発言について、私は次のように解釈します。つまり、怒りがとても強くあまりにも恐ろしかったので、それはほとんど自分には関係ないと断言しなければならなかったのです。自分の感情を認識する代わりに、彼女の周りの人々に－そこには怒りがない時でさえ－反射するように映し出された彼女の怒りの感情を見たのです。これは精神分析家であるメラニー・クラインが「迫害不安」と呼ぶプロセスに似ています。私たちの感情があまりに強くて耐えられなくなると、その感情を自分と切り離し、他の人たちに帰属させることがあります。そうすることで、私たちは一時的にそれらの耐え難い感情から解放されます。しかし、やがて私たちの内部から外に向かうのではなく、外部から私たちに向けられた負の感情を経験するかもしれません。この現象は言葉を話し始めたよちよち歩きの幼児にも似た特有の状況に通じるものです。

　「ママは怒ると私を叩くわ！」と小さな女の子が、それまで一度も彼女を叩いたりしたことがない母親に向かって言いました。子どもに手を挙げたことなどない２歳の子を持つ別の友人も人目につくところで、その子が「ぶたないで！　ぶたないで！」と激しく泣き叫んだという恥ずかしい経験をしていまし

た。私はカラの怒りの感情に共感はしましたが、カラにパペットを叩かせず、代わりに言葉を使うように促しました。カラが彼女の怒りを叫ぶことができるようになると、私はすぐにその怒りの感情を支持することを知らせながら、カラは入院しなければならないので怒っているということをオードリーに告げさせました。そうすることで、言葉の使用を推し進めることができたのです。カラの「そう！　そう！　そう！」は、これまで自分の厳しい真実の感情を認識したり、理解することはもちろん、ましてその感情に名前を付けることなど到底できなかった子どもにとって真の飛躍でした。

　カラの状況は極端でしたが、ストレスを感じることが少ない環境で育った子どもも、日常の生活の中で周囲の大人を驚かせるような激しい感情を表出することがあります。第4章でとりあげたメーガンのように、遊んでいる時にそのような感情を表すこともあるのです。彼女は間もなく新しい赤ちゃんが家族の仲間入りするのを聞いて、部屋の反対側に赤ちゃん人形を投げつけました。私の経験では、子どもたちが遊びの中で表現する感情はすぐに消え捉えがたいのですが、ひょっとするとそれが真実なのです。正直な感情－例え、それは私たちが持たない方が良いと思う感情であるにせよ－への通路として子どもたちにごっこ遊びをする自由を与えることは、彼らの経験を有効にし、彼らが彼ら自身であることを可能にする重要な方法なのです。

chapter 8

アンジェロ

遊びに反映された秘密

パペットのオードリーダックはとても辛い生活を送ってきました。子どもたちは彼女を幾度となく命を脅かす病気にし、医師のチームに提供するため数万回も切り刻みました。その上麻酔をせずに手術され、意識を失ったオードリーのママの前でモンスターに襲われ、一人の意地の悪い看護師しかいない病院の中で20年間放っておかれていました。

子どもは激しい怒りや強烈な恐怖の感情を持ちうるし、それがぞっとするような空想遊びに現れることも、私は他のプレイセラピストと同様に痛感していました。子どもたちが私のパペットに仕組む恐怖は、思いつきでも偶発でもありません。子どもの遊びの中でオードリーが患ってきた病気は、たいていそのストーリーを創作した子どもが経験した症状や治療に似ています。彼らがオードリーにあてがった状況は、結局のところ彼ら自身の経験のメタファー（たとえ）であるということがわかります。

遊びの中でオードリーを切り刻み、お医者さんの役に立てようとした小さい女の子は、彼女の命を救うための手術を一年に何度も受けていました。オードリーのママが意識を失っている間に、モンスターのパペットでオードリーを攻撃した男の子は、父親にひどく虐待されていました。男の子は一回攻撃するごとにオードリーの母親を元気に陽気に目覚めさせ、受けた攻撃についてオードリーが話したことを母親が信じないように仕向けました。何年間も病院にオードリーを放置した子どもは、終わりの見えない入院に苦しんでいました。私がこれまで遊び方を紹介してきた子どものほとんどは、私との遊びの中で創作し

たキャラクターに何らかの暴力的な苦痛を負わせていました。

　心乱れるような、暴力的な，あるいはぞっとするようなシーンを演じるのは、心的外傷を経験した子どもだけに限りません。私たちがどんなに頑張っても、ある種の痛み、苦しみ、葛藤や喪失を経験したり、目撃したりすることから子どもを完全に守ることはできません。子どもは転んでけがをした時や注射をするために病院に行く時、耳の感染症を患った時などに痛みを感じますし、祖父母が亡くなった時や最愛のペット、家族の友人や知人が亡くなった時にも痛みを感じます。

　幼年期の負の側面－すなわち多くの場合、大人にとってぞっとするような暴力的な空想を積極的に受け入れること－は、生活の中で比較的心的外傷を経験することが少ない子どもの遊びにも出てきます。それは大きくて混乱した時には恐ろしい世界の中で、自分は小さくて無力であるという感情を制御する感覚を得る方法なのです。3歳のソフィアは「怖い話をして」と言った後、「でも怖くしすぎないでね」と付け加えます。4歳に近い彼女は「あなたは泥棒で、私の靴を盗みたがっていることにしましょうよ」と言います。

　子どもが感じた恐怖にどう対処するかを学ぶ方法の一つは、彼らがあらゆる不幸な出来事や逆境に打ち勝つ空想の世界を創り上げることです。ある子どもはソフィアのように、彼らが想像する恐ろしい経験を乗り越えるような遊びをしたがりました。自分たちが創り出したモンスター、巨人や泥棒から受ける架空の攻撃から生き残ることは、子どもたちに自分自身が有能である感覚を与え、かつ制御できる範囲内で恐怖の感情に対処することを学ばせます。またある子どもは、最も強力な影響力を持つ人々に打ち勝つことができるモンスターになることで、大きな世界の中で自分を小さく感じる不安や挫折感を克服することができるでしょう。たとえば5歳のスコッティは、巨大な恐ろしいティラノサウルスレックスに変身することが好きで、彼の父親がその恐竜が接近する恐怖に尻込みするふりをするとヒステリックに笑います。

　比較的簡単な手術を受けるために入院していた4歳のティミーは、彼が手術後快復しつつある時にライオンのパペットを威嚇的なキャラクターに仕立て、

手術についての彼の気持ちの複雑さを表現しました。彼はライオンのパペットを私のパペットに向かって何度も何度も猛烈に吠えさせました。「どうしてライオンは吠えてるの？」と私が尋ねると、「怒っているから」とティミーは短く答えました。「どうしてかしら？」と私が尋ねると、「ライオンは前は百獣の王だったけど、今は違う」とティミーが答えたので、「ライオンはまた百獣の王になる？」と聞くと、「いや、今やライオンは最下位の獣だ」と悲しそうに言いました。彼は「ボクはすごく怒ってて、手術ですっかり元気がなくなっちゃった」あるいは、「前は良い気分だったけど、今は最悪」などのような心の中にある気持ちを直接口に出すことはしませんでしたが、遊びを通してそれらの感情を完全に捕らえたメタファー（たとえ）を作り出すことができたのです。

　現実のトラウマから子どもたちを守るために私たちが取る対策こそが、時には重大な混乱と、彼らが遊びの中でしか表現することができない、激しく恐ろしい感情を生み出すのです。

　アンジェロは母親をHIVで亡くし、自身もHIVを患っている8歳の子どもでした。そして彼の家族はアンジェロにその事実を知られないよう必死に隠していました。カラ (chapter 7) やジョーイ (chapter 6) のように、アンジェロの生活環境も厳しく複雑でした。しかしどんな子どもでも、彼らが生きている世界では多かれ少なかれ何らかの怒りや恐れ、困惑などを経験します。これはアンジェロの痛みを軽くするためではなく、アンジェロのこの生活環境を、あなたがご存知の愛する子どもたちと変わらないことをはっきりさせるためです。多くの場合、子どもの保護者や周りの大人たちは不公平で不当な世の中について、子どもに話すことを避ける傾向にあります。

　全ての遊びは安全である必要があります。暴力を扱う遊びをさせることは、子どもたちが実際に誰かを傷つけたり、グループ内で他の子どもたちを不快にさせるような遊びをさせるという意味ではありません。暴力的な遊びには許容される境界と限度が確立され、これを固く守る必要があり、また関係する誰にでも、感情や身体の安全が尊重されなければなりません。子どもの空想におけ

る暴力は一緒に遊んでいる友達を怖がらせるので、他の遊びを探す手伝いをする必要が生じます。

　アンジェロや他の子どもに暴力的な遊びをさせるにあたり、私はその暴力に筋書きを与えようと試みました。経験したことに感情を吹き込み、暴力行為としてはごく当たり前の反応である激しい怒りや深い悲しみのような感情を言葉に出すことは正しいということをはっきりさせるためにです。私は彼らがパペットに与えた困難でどうしようもない状況を、建設的に解決できるように手伝います。彼らが提案した解決策を拒否した場合でも、困難な課題に建設的な解決策を見つけるためには、誰かと活動した経験を与えることは価値があると私は信じています。私のパペットが質問をして彼らに投げかたどんな問題にも立ち向かおうとさせます。そうすることで、彼らの生きる意味を弱める慢性的不信感や絶望に負けないように支援したいのです。

　アンジェロは東ボストンで彼の祖母と、そして常にではなく時折ですが、兄のマークと住んでいました。敬虔なイタリアカトリック教徒の祖母はとても彼を愛していて、彼に大量のパスタを食べさせていました。彼に真実を伝えることに耐えられず、真実を伝えていなかったのです。その上自分の慢性疾患と彼の兄の薬物乱用も隠していました。アンジェロの母親が AIDS で亡くなって 3 週間が経っても、彼女はそれを彼に話す気にはなれず、彼も HIV 陽性であることも伝えることができませんでした。アンジェロの祖母の許可がなければ、アフタースクールプログラムのスタッフも、彼に教えられないことは法律的にも定められていました。このような例は珍しいことではありません。彼らの病気や病気を患っていることで受ける誹謗中傷に罪悪感を抱いている親にとって、子どもたちに真実を話すことはとても悩ましいことだからです。親は子どもたちが学校で仲間外れにされたり、学校の友達やその家族から見捨てられることを恐れているのです。子どもたちに真実を知って欲しいと願う親でさえ、子どもたちが地主や雇い主、あるいは彼らの生活に影響力のある人たちに真実を知られないように隠しておくことはできないのではないかと恐れているのです。

　アンジェロは明るく観察力の鋭い子どもでしたが、祖母は彼が自分の人生に

おける悲劇に気付いていないと信じて疑いませんでした。アフタースクールの
クラスでの彼の振る舞いや遊びから、アンジェロは祖母が考えているより多く
のことを知っていることをうかがわせるたくさんの形跡があったにも関わら
ず、長い間、私もセンターの他のスタッフも祖母を説得することはできません
でした。

　子どもは自分の人生について、私たちが考えるよりはるかに多くのことを知
り、理解しています。厳しい現実から子どもたちを守りたいという私たちの願
いが、時には真実を告げられるよりもはるかに多くの痛みを彼らに与え、怒り
の爆発として、あるいはより受動的なかたちで深刻なうつ状態として現れるこ
とがあります。子どもたちが家族の秘密を知っているのに知らないふりをして
いたとしても、それはしばしば彼らの遊びの中に表れてしまうのです。

　アンジェロが参加するセンターのプログラムの中でも、とりわけ私たちのメ
ンタルヘルスのワークへの参加に対しては、私たちがアンジェロに嘘をつか
ず、祖母がアンジェロに知ってほしくないことは私たちから言わないという祖
母との約束を前提とさせられました。つまり、もしアンジェロからHIVに感染
しているかどうかを直接聞かれたら、私たちは事実を伝えることができました
が、こちらから言い出すことは許されませんでした。

　スタッフはこれまでの治療関係を継続し、アンジェロが自分の感情や心配を
行動に表す機会を持つともっと良くなると確信していたので、私はこれらの事
情のもとで彼を診ていくことに同意しました。しかしそれだけではなく、彼の
祖母が祖父の飲酒、兄の薬物過剰摂取、彼女自身の健康上の問題など、様々な
困難な問題について真実を伝える手助けをする長い経過にも、私はスタッフと
して参加しました。これらの問題の一つ一つに光が当てられる度、どんなこと
についてでもアンジェロから何か質問があれば、私はそれに喜んで答えると彼
に伝えました。私が答えることができない場合は、答えることのできる人を見
つけたでしょう。彼はいつも「あとでいいよ」と答え、遊びを続けました。

　私が仕事で相手にするのは、貧困に苦しんでいる家庭の子どもたちです。貧
困はそれだけで衰弱を進めますが、時には家族のアルコール依存症、うつ病、

および薬物乱用などによってその状況はさらに複雑なものになります。アンジェロの家族もそのような状況であり、そのため彼の世話をするために懸命に働き、彼が利用可能な治療施設などの援助機関と繋がるように働きかけた祖母を、私はとても賞賛します。「私はアンジェロのためになら死ぬことができる」と彼女は私たちとの面会で強く言いました。「もし誰かがアンジェロを傷つけたら…」そのあとの言葉は口にしませんでしたが、私は彼女の意図するところは良く分かりました。

　アンジェロを守りたいという祖母の願いは、ストレス対処への徹底した独自のスタイルとを併せ持ったことで、真実を隠すことに繋がっていきました。アンジェロの遊びに反映された偽りの網は、愛と最善の意図から紡がれていました。私たちスタッフは、真実を隠し続けることは彼のためにならないと考えていましたが、それでも彼に秘密を隠し続けたいという祖母の願いを尊重する義務がありました。

　一方、スタッフが祖母と、アンジェロに真実を告げることについて時間をかけて話し合いを重ねた結果、彼女はそれまで隠していたことの一部を告げることに同意しました。そしてついに、自分は糖尿病によって足の指を失ったのだとアンジェロに告げたのです。するとアンジェロは病気だと聞かされていた兄のマークについて、"彼は麻薬中毒なのではないか"と感じていたことを自分から私に言ったのです。私が祖母に連絡を取ると彼女はすぐにやってきました。そこでスタッフは、祖母がアンジェロに事実を打ち明ける手助けをしたのです。

　しかしアンジェロのHIVの話題になると、彼女は真実を語ることについては一歩も譲らず、「どうしても言わなければいけない時が来るまで伝えるつもりはない」と繰り返しました。「それはいつですか？」と私たちが尋ねても、彼女は孫のアンジェロとのそれまでの関係を維持し続けたのです。

　私がアンジェロとのセラピーを始めた時から、彼の遊びは、暴力、死、喪失と偽りに満ちていました。その最初のセッションで、彼は私のパペットたちを南極に追いやりました。そこは地球上で最も寒い場所で、パペットたちは悪い

サンタクロースによってそこに送られてしまったのですが、彼らがブラジルに戻るためには良いサンタクロースを呼ばなければなりませんでした。そして彼らが戻ってきた時、オードリーが彼らは誰と一緒に住んでいるのか尋ねると、アンジェロのライオンのパペットは「ボクたちは子どもで、ボクたちだけで住んでるんだ」と答えました。

　突然、アンジェロはライオンのパペットにビーバーを殴らせ、殺してしまいました。「ああ、ダメ。ビーバーが死んでしまって悲しいわ」と私は言いました。「ビーバーは病院に行くよ。そこで良くなるんだ」とアンジェロは言いました。「でも、もしビーバーが死んでしまったら、病院に行っても良くなることはないわ」と私が言うと、「ビーバーはケガしただけだよ」とアンジェロは遮り、「彼は8週間の入院になるだろうね」と言いました。「ところでライオンとビーバーのママとパパはどこにいるの？」と私は尋ねました。「ライオンとビーバーはお母さんと一緒に暮らしてたけど、彼らが自分の部屋を掃除してもお母さんはプレステを渡してくれなかったから、家を出たんだ」とアンジェロが言いました。「お母さんは嘘つきだ。ボクはプレステを持っているって嘘つく人は嫌いだ」とアンジェロのライオンのパペットは言いました。

　アンジェロの言ったことは、子どもたちが遊びに持ち込む、実際の経験が何層にも夢のように重なった豊かな複合体の素晴らしい例です。同時にこのやり取りは、母の死、見捨てられたという感情、そして貧困に対する彼の困惑と、いうまでもないプレステへの憧れを反映していたのです。子どもの遊びの内容を常に正確に理解することはできないので、多くの場合、私は正確な内容というよりテーマに注意を払っています。アンジェロの場合、私が見つけた二つのテーマは死と偽り、とりわけ嘘をつかれることへの懸念でした。

　次のセッションでもアンジェロはパペットたちを遠くへ追い払いました。今度はアフリカです。そこで象のパペットがひどいケガをしました。「象は死んじゃうかもしれない」とアンジェロは言い、象の命を救うためにたくさんの医療機器を使って部屋を病院に変えました。アンジェロは象の運命を明らかにする前に象のおばあちゃんは病院に行き、そこでで死んでしまったと言いまし

た。「あぁ!」と私が言うと、アンジェロはすぐに「エイプリルフールだよ。おばあちゃんは本当は元気さ」と言いました。

でもその10分後、アンジェロは全てのパペットを殺してまた突然生き返らせ、パペットたちの間で大乱闘が始まりました。そして、ヤギにオードリーを咬ませて殺してしまいましたが、その後再びオードリーを奇跡的に生き返らせました。次に、全てのパペットは撃たれてしまったので「どうして撃つの?」と私が尋ねると、「汚い血だからだよ」とアンジェロは興奮して答え、パペットたちはまたみんな死んでしまいました。

これらのセッション、とりわけ初回のセッションでは、アンジェロの遊びに繰り返し現れる偽り、医療、死、そして親の喪失が絡み合ったテーマが確立されました。アンジェロの診断では、「汚い血」で撃たれ始末されたパペットたちの光景が最も痛烈でした。アンジェロは本当は自分のHIVの状態を知っているのではないかということは、セッションを通して感じていました。アンジェロはオードリーを"ウイルス"に感染させ、全ての彼のパペットは"SRV"という病気だと言いました。毎週、アンジェロの遊びは、暴力的で矛盾と逆転だらけの複雑な嘘でいっぱいの生活が表現されていました。アンジェロの遊びの中では、パペットたちが悲しんだり、暴力をふるったり、助けを求めることは許されませんでした。パペットたちは何度も無言で暴行されたのです。たとえば、ある日子羊は撃たれ死んでしまいました。アンジェロは「スーザンが死んだ。アンジェロが死んだ」と歌いながら周りを行進し始めました。「あらら!それはひどいわ」とオードリーは叫びました。「話をやめろ! 子羊のことは何も言うな」とアンジェロはわめき、オードリーが話そうとしても話しをさせませんでした。「ああ、誰かが本当に重い病気になったり亡くなった時に、それについて話しをすることができないのは辛いわ」と私は言いました。

オードリーにしゃべらせないようにするために、アンジェロはオードリーの舌をとってしまうことにしました。アンジェロは「キミは悪い舌を持って生まれたから、新しい舌が必要だね」と言いました。彼はオードリーに舌の移植をしなければならず、移植しなければ18歳で話せなくなるだろうと言いました。

しかし医師はオードリーに悪い舌を与えたため、彼女は自分自身の声で話すことができず、カタリオンのように話さなければなりませんでした。私がオードリーに自分の声で話させようとすると、アンジェロは「オードリーはもう全然話せないよ」と言い張りました。これは前章でカラに生じていた「偽りの自己」の心痛ましい特徴を示す表現です。オードリーの声は本来自分のものではありませんでした。時間の経過とともに、アンジェロは遊びの中で次々と話すことができないパペットを作り出し、この無言のテーマは止むことなく、安定的に彼の様々な遊びに拡大され存在し続けました。

　ある日、アンジェロは遊びの中で子羊に助けを求めさせましたが、子羊の舌は口の上にくっ付いていて、オードリーと私が子羊を助けるために出した提案をアンジェロが全て拒否すると子羊はますます動揺し、頭をテーブルに打ちつけ始めました。

> **オードリー**：　ねぇ、何をしているの？　怒ってるの？
> **子羊**（唸りながら）：　そうよ！　すぐ助けて。
> **オードリー**（心配そうに）：　助けてあげる。
> 　　　　**子羊**：　助けて！
> **オードリー**：　どうすればいい？
> **子羊**（絶望して）：　わからない。何かしてみて。
> **オードリー**：　何を？　水はどう？
> 　　　　**子羊**：　いいえ、私は舌を引っ張り出したいの。助けて！
> **オードリー**：　どうしたらいいのかしら。
> **子羊**（ますます興奮して）：　助けて！
> **オードリー**：　アンジェロ、何をしたらいい？
> **アンジェロ**：　わからないよ。

　次に、アンジェロは子羊を自分に向け、「私を助けて！」と懇願させましたが、彼は子羊を助けるどころか「ボクにそんなこと言うな」と猛烈に怒りました。彼は手にはめた子羊のパペットを叩き始めました。私はしばらく、アンジェロが心の奥にある弱さや無力感といった感情を表すと同時に、その感情のせいで自分で自分を叩くのを見ていました。

私はアンジェロが助けを求めてもよいことを理解して欲しくて間に入り、「待って！　子羊は助けを求めているわ。なぜ、子羊を叩くの？」と聞きました。オードリーと私がどのようにして子羊を助けるか考えている間も子羊は助けを求め続けましたが、アンジェロは私の申し出を全てはねつけました。

　私が何もしなかったら、私たちの遊びは前に進みそうもありませんでした。アンジェロは確かに自分自身を反映した状況を創り出しました。つまりアンジェロは、今すぐではないにしても、あらゆる面で多くの助けを必要としていたのです。私は子羊は助けられると何度も言うことで、アンジェロの経験を否定したかったのではありません。そうすることでアンジェロに希望への見通しを与える必要と、遊びにおいて演じ表現したことをただ感じるのではなく、理解する機会を彼に与える必要があったのです。この時点で、選択肢の一つは遊びから踏み出して現実への明確な繋がりを作ることでした（つまり、「同じような遊びをした時、子羊と同じように感じるだろうか」と考えることです）。しかし私はそうはせず、私がいつもするように遊びを続けました。アンジェロにはたくさん言いたいことがありましたが、それはパペット遊びを通してしか表現することができないのではないかと感じたからです。

　私はオードリーに「怖い！　子羊が助けを求めているのに、私たちには助けられない！」と泣きながら言わせました。子羊に焦点を当てることにより、アンジェロがまだ受け入れられない感情を無理に押しつけず、彼が必要としていると思われる情報を与え、自由に遊ばせたいと思いました。アンジェロは再び子羊に「助けて！」と言わせました。オードリーは子羊に「怖いよね。助けてって言われても助けてあげられないの！」と言いました。

　それから子羊の声は一段と大きくなりました。「ここにいる人たちが見える？みんな私を助けてくれない」それからカンカンに怒って「みんなバラバラにしてやるわ！」と言いました。私は子羊に「あなたはあなたを助けてくれない人のことすごく怒ってるのね」と言いました。子羊は再び大声で助けを求め、「助けて！　あなたが持っている薬を全部ちょうだい」と叫んだので、私は子羊に薬を手渡しました。

　このやりとりから二つの重要な事が起きました。子羊はその事態に屈して無力になったままでなく、怒りを表現し始めました。私はアンジェロの代わりにその感情を特定し、助けと希望のテーマに結びつけることができました。子羊は助けを求めたのに助けてもらえなかったとオードリーが言った時、アンジェロは怒りを表現することができ、また実際に子羊を助けるのは薬だと気づくことができたのです。

> **子羊**(薬を飲みながら)：　毒だわ！
> 　　　**私**：　ひどいことを言うのね。私があなたにあげる薬は毒薬だと思っているのね。
> *アンジェロは興奮してお医者さんの鞄から道具を引っぱり出しました*
> **アンジェロ**(急いで)：　オードリー、この薬が解毒剤かどうか調べて。
> *子羊に解毒剤を打ちました*
> **アンジェロ**(子羊に向かって)：　さて、これで大丈夫。

　アンジェロが成長し、パペット遊びよりボール遊びに興味を持つようになってからも私はアンジェロと関わり続けました。センターのスタッフと私は、アンジェロの祖母が彼に真実を打ち明けるためのサポートをし続けました。そしてついに、センター長、病院の看護師、私からの後押しによって祖母は勇気を振り絞り、アンジェロに真実を伝えることができたのです。

　祖母とアンジェロ、二人ともとても楽になりました。私がこれを書いている時点で、アンジェロが自分の病気を知ったことでこれから直面するであろう問題について話すことはあまりにも早すぎますが、少なくとも今、アンジェロは真実を秘密にされる重荷から解放されたのです。彼は必要とするどんな助けも求めることができ、私たちは彼の不安や懸念について直接確認することができます。アンジェロが自分の病気のことを知ってから初めてのセッションで、彼はオードリーとカタリオンを二人とも HIV に感染していることにしました。

　パペットを使っても使わなくても、遊びや遊戯療法では慢性疾患、貧困、死や子どもたちの幸福を脅かす多くの脅威の現実を変えることはできません。遊

びや遊戯療法にできることは、子どもたちに感情を表現する自由を与えること、子どもに襲い掛かる生活状況がどのようなものであろうと、そこで彼らが体験していることを探ること、子どもが無力感や精神的に打ちのめされた感覚ではなく、それを征服する感覚を得るための手助けをすること、そして子どもを愛する大人に、子どもが何とか切り抜けるのを助ける手がかりを提供することです。

　先に述べたようにアンジェロの生活環境は最悪で、それが彼と遊戯療法を始めた理由でした。しかし、生きることは全ての子どもたちにとって複雑で大変なことです。彼らが体験する複雑な思いや状況は彼らの遊びの中に反映されます。全ての子どもが治療を必要とするわけではないかもしれませんが、もし望むなら、彼らが遭遇することにうまく対処する自助資源を整理するためにも、これまでに経験を積み重ねて得られた様々な資源の方策（手段）を整理するためにも、全ての子どもにごっこ遊びをする機会を与えるべきです。

　子どもが内的葛藤や外的なストレスをごっこ遊びに向けた時に生じる暴力を見るのは辛いことですが、彼らが恐怖に立ち向かったり、怒りを処理したり、あるいは人生における抗いがたい複雑な問題の理解に取り組むためにそれを使うことができれば、暴力も意味のあるものとなり得ます。乱暴な遊びにどのように対応するかを考える上で大人が戸惑ってしまう一つの大きな要因は、明らかに安全で守られた環境で暮らしている現代の多くの子どもでさえ、日々刻刻、日常的に悪意とそれが引き起こす暴力に遭遇してしまうということなのです。

　電子メディアが現代の子どもの時代にもたらした著しい変化に、子どもたちが暴力的な描写の画像を目にする機会が増えたことがあげられます。私たち大人は映像の中の暴力は単なる娯楽と思うだけなので、その力をすぐに忘れてしまいます。私たちはみな、テレビで、映画の中で、あるいはビデオゲームの中で、人々が傷つけられ、手足を切断され、殺されるのを見慣れてしまっているので—そしてそれは“現実”ではないので—そのメディアの暴力は子どもたちに影響を与えないと考えてしまいがちです。しかしそれは違います。その影響

を知るためのとりわけ効果的な方法の一つは、見ている画面上の暴力がいかに子どもたちの遊びに影響しているかを検討することなのです。

Part 3

ごっこ遊びの現実
遊びと文化的価値

chapter 9

ドカン！ バシッ！ ウッ！

メディア暴力がいかに遊びを脅かしているか

　5歳のサムは、彼が持つ「スターウォーズ シスの復讐」の電気仕掛けのライトセーバーのおもちゃを振り回しながら、幼稚園の教室のまん中で仁王立ちしていました。彼は現代のジェダイの騎士さながらに両手でライトセーバーの柄をにぎりしめ、敵の侵入者の攻撃を妨げ打ち負かすように、何度も何度もそれを振り回しました。

　私は戦っているアナキン・スカイウォーカーの演技に見とれながら、サムが次に何をするのか待っていましたが、彼は何もしませんでした。その代わり、敵を想像した後に、敵は丁度同じやり方で悲運な運命の自分と出合ったのです。そのうち、彼は彼の近くを走りすぎる他の子どもをあやうく殴りそうになったため、先生は彼を別の遊びに誘いました。

　「シスの復讐」はPG-13(13歳未満の鑑賞には保護者の強い同意が必要な映画)に指定されています。映画の中のあからさまな暴力シーンのために、映画業界はこの映画について12歳以下の子どもには不適切と評価したのです。それにもかかわらず、メーカーは4歳くらいの子どもにもこのライトセーバーを推奨しているのです。「スパイダーマン」や「超人ハルク」、「カリブの海賊」や「トランスフォーマー」など、PG-13に指定された大ヒットアクション映画は、スクリーンで見る暴力シーンを子どもにまねさせるために認可されたおもちゃを販売することで宣伝効果を上げているのです。「トランスフォーマー」の129種のおもちゃのうち、117種は5歳、ないしはそれよりも幼い子ども向きであるとされています。スクリーン上で描かれる戦いのシーンをサムのよう

に機械的にまねすることは珍しいことではなく、それは見たものをまねするよう勧めているようにも思えるのです[2]。

　スクリーンで暴力シーンを見ることによって、子どもの行動や態度に暴力的ふるまいが身に付いてしまうという否定的な影響については他でも取り上げられてきましたし、この本のテーマではないので軽く触れるだけにしておきます。30年以上に及ぶ調査の1000件の研究報告によると、主要な米国公衆衛生機関協会は、「テレビや映画の中の暴力シーンを見ると、子どもの攻撃的な態度、価値観や行動が強まる傾向にある」と結論付けています[3]。

　電子メディアとそれを支える関連商品が販売されることによって、子どもが目にする暴力シーンの頻度がかなり増えたという事実は無視するわけにはいきませんが、映画だけが唯一の悪者というわけではありません。3つのテレビ番組のうち大抵2つには何らかの暴力シーンが含まれており、その頻度は1時間に平均6回にも及びます[4]。子どもが18歳になるまでには、テレビだけで40,000例の殺人を含む20万例の暴力シーンを目にすることになるのです[5]。

　子どもたちがビデオゲームの中で行う仮想殺人や傷害行為の数を記録したものはまだありませんが、彼らがゲームに費やす時間はどんどん長くなっています[6]。市場調査によると、ビデオゲーム依存者の46％が6歳から17歳で、暴力的なビデオゲームは子どもたちに非常に人気なのです[7]。たとえば、セックスをしてから売春婦を殺すことによってポイントを得ることができるグランド・セフト・オートシリーズは、ビデオゲーム業界の格付けでは、M(17歳以上向け)に指定されているにもかかわらず、9歳以上の子どもたちの間でベストセラーとなっています[8,9]。バイスシティ・ストーリーズ(M指定)では、たとえばプレイヤーが薬物の取引や武装強盗のような不法なビジネスをするために、ライバルのギャング、警官、罪のない人を殺すことができます。私は幼い子どもたちがどれほどこのようなゲームで遊んでいるのか知りませんが、私が働いていた学校では昨年のクリスマスに8歳と9歳の男の子の大半が、グランド・セフト・オートビデオゲームをプレゼントされていました。

　ビデオゲームはプレイヤーが見るだけではなく、仮想暴力に自分も参加する

ことで報酬を得るという相互的性質があるため、テレビや映画で一方的に暴力シーンを見るより子どもの態度や行動に大きな影響を及ぼす傾向がある、という懸念を生じさせています。実際、アメリカ陸軍では戦闘のための特殊作戦部隊の訓練にテレビ番組や映画ではなく、暴力的な人気のあるビデオゲームを使っているのです。¹⁰⁾

2006年に開催された「ビデオゲーム、青少年および公共政策に関するサミット」では、学術、医学、そして健康の専門家が既存の研究に基づいて、「行動科学研究は、暴力的なビデオゲームをすることで子どもや若者が攻撃的な行動を取る傾向が高くなることを示している」¹¹⁾という声明に署名しています。M指定は十分に機能していないように思われます。最近、連邦取引委員会は、同伴者のいない13歳から16歳の子どもの42％がM指定のゲームを購入していたことを報告しています。¹²⁾

その一方で、子どもがスクリーン上の暴力シーンを無防備に目にすることに対する社会的な取り組みはほとんど手つかずの状態です。子どもに販売できるものとできないものについての規制が整備されていないため、テレビやDVD、ビデオゲーム、携帯電話、MP3プレーヤーなどでたやすく暴力シーンを目にすることになるのです。

スクリーン上で残虐行為を見ることと実際にそれを体験することは同じではありませんが、それらの残虐行為が子どもに与える強い影響を忘れてはいけません。メディア暴力が脳に及ぼす、根本的で生理学的なレベルによる最近の研究では、私たちは実際に経験する暴力とスクリーンなどで見る残忍な行為に違いを感じないことが明らかになっています。メディア暴力の影響を調査するためには、その初期段階における磁気共鳴画像（MRI）の使用が有用であり、これらの研究の結果は興味深いものです。

ボストン小児病院でメディアと子どもたちの健康のためのセンターを指揮している小児科医のマイケル・リッチによると、「研究では、脳はスクリーンで見る暴力シーンを他のシーンと分けて処理していて、それはあたかもPTSDを発症した人がそのトラウマ（精神的外傷）をフラッシュバックする時と同じ脳の

活動の型に似ている」とのことでした。この種の研究は、多くのメディア暴力に触れる子どもが暴力的な行動に向かいやすくなっていることを証明する行動学的研究のための神経学的根拠を明らかにし始めています。[12]

　子どもが暴力的なメディアに触れることを問題視しない人たちは、それは大なり小なり、子どもたちが怒りや恐れ、攻撃などの問題を処理することの助けになると主張しています。[14] 暴力的なメディアを見た後に、視聴者は感情の解放を感じることができ、さらに気分が良くなるかもしれないという点で、それはカタルシス（精神的浄化）になりえるのです。[15] しかしながら暴力的なメディアにおけるカタルシスは、私たち自身や私たちの行動をより深く理解することを助けてくれるわけではなく、暴力につながる可能性のある問題を解決するための建設的な解決策を見つけることにもなりません。もしメディアで暴力シーンを目にすることが子どもの創造的遊びを妨げるとしたら、効果的な問題解決を否定したり、暴力行為を防ぐための取り組みをも妨げることになるのです。[16]

　また、子どもが暴力シーンを目にするのは悪い点ばかりでないと訴える人々は、スクリーンで見る暴力は、おとぎ話、神話、伝説を子どもに伝承する古くからの習慣が発展したものに過ぎないと主張しています。しかし、メディア暴力を見ることとおとぎ話や神話には重大な違いがあります。書かれたり口頭で伝えられた物語は、子どもが読んだり聞いたりしながらする想像をかなりコントロールできます。彼らは自分の経験や好み、そして好きなようにシナリオを精巧に脚色したり曖昧なままにしたりすることができます。しかし画面に暴力シーンが映し出されると、その画面を見ないように目を閉じたり、その場から離れることができない子どもはコントロールできないのです。

　画面で見る暴力と書物に書かれている暴力のもう一つの違いは、読書そのものは認知的成熟に依存しているということです。子どもが書物を読むためには学習しなければならず、その能力は時間をかけて発達するため、大人の力を借りずに子どもが読める書物は限られます。印刷物に触れるには、子どもの読書力や語彙、あるいは物語を読んでくれる人がいるかどうかが関係します。子どもが読み聞かせてもらう物語は、大人や年長の子どもたちとの関係次第なので

す。大人が存在することで子どもは本の内容について質問をしたり、恐ろしい困惑するようなことについても話せるようになり、これらの会話をすることで積極的になれるのです。しかし、首切りや内臓摘出、手足の切断などの身体に危害を加えるシーンを目の当たりにしてそれを理解するには、多くのスキルや認知の成熟は必要としません。画面で見た暴力は暴力として、見たままのものを理解するのです。

　動機や複雑な心理的、および社会的背景といった抽象的な概念を理解する子どもの能力は、時間とともに発達します。一方で、その間にも技術の進歩によって様々な暴力シーンを詳細に描写することが可能になってきています。このような子どもの発達と技術の進歩というふたつの現象が組み合わさることで、メディア暴力は幼い子どもにとってより無意味であると同時に、より魅力的なものになります。子どもはなぜ人々が吹き飛ばされているのか、あるいはなぜ他人の首を絞めているのかわかっていないのに、画面で見たエキサイティングでドラマティックな行為をすぐさま記憶してしまうのです。

　創造的な遊びを妨げるスクリーン暴力の力は、子どもを厄介な二重拘束状態に追い込みます。彼らは画面で見る映像に強い反応を示すかもしれません。また、自分たちが見た映像によって混乱したり、恐れたり、魅了されたり、興奮したりするかもしれません。しかしそれらを目にすることによって、困難な経験に立ち向かう手段となるごっこ遊びを生み出す能力は、抑制されたり妨げられてしまうのです。

　プレイセラピーで担当する子どもがセッションのたびに繰り返し同じシーンを演じるのは、何かしら精神的なダメージを負っているサインかもしれません。ネグレクトで家族から離されていたジュリアは、子どもが食べ物を欲しがったり学校への送迎を希望しているのに眠り続けている母親を主役にしたシナリオを作り、それを何週間も演じるという内容のセッションを繰り返しました。スタッフが性的虐待の経験があるのではないかと疑っていたジェニファーは、何度もベッドに人形を置き、人形に起こったことが私から見えないように隠しました。

このように、子どもが遊びの中で同じことを何度も繰り返す時、私は彼らが抱えている何らかの問題を自分で解決できずに精神的ダメージを負っているのではないかと考えます。子どもにとって恐ろしい出来事や不可解な出来事というのは、ファンタジーライフの領域におけるとてつもなく大きい障害のように、あるいは食べても消化されずに残っている大きな塊のように、ごっこ遊びの特徴である柔軟性や成長の邪魔をします。

　現在、幼い子どもに関わる教師たちは、何度も同じ遊びを繰り返す子どもはメディア暴力漬けになっていると報告しています。[17]

　幼稚園教師のマリッサ・クラークは、4歳児のクラスの子どもがみんなスーパーヒーローに夢中になっていた時のことを私に話してくれました。彼女はそのスーパーヒーローの魅力を理解していましたし、園児たちは正しい行為や間違った行為について学ぶ中で、善悪をテーマにした物語に惹かれます。影響力のある大人や兄姉に囲まれ、自分の弱さや無力感と向き合っている子どもたちにとって、魔法のように全能の人間に変身するスーパーヒーローは魅力的なのです。マリッサを悩ませたのは、子どもたちの遊び方でした。

　　メディア暴力を見て遊んでいる子どもたちは、画面で見たものをまねしているだけだと気付きました。話しを展開させることなく、何度も何度も同じことを繰り返しているだけだったのです。みんな強そうに構えて腕をまっすぐ伸ばし、足を左右に開いて何かを指さし、それはまるで武器である手袋を手に入れたバットマンのようでした。ある子どもは走って行き、高いジャンプキックをしていました。パワーレンジャーのまねをして走って回し蹴りする子もいれば、スパイダーマンのまねをして手首からくもの糸を出して投げる子どももいました。子どもたちはひとたびこの類いの遊びを始めると、しばらくその遊びしかしません。そしてその後はとても攻撃的になるのです。[18]

　時にはメディア暴力をまねする子どもたちが実生活に危害を及ぼすこともあ

ります。イスラエルで過激なワールドレスリング・エンターテイメントショーが行われるようになってから、レスリングの動きをまねした子どもによる校庭の損壊が散見されたことが報告書で明らかになりました。子ども向けのメディアは甘く争いがないものであるべきと言っているのではありませんし、「シンドラーのリスト」のようなホロコーストを題材にした映画や、アフリカのルワンダで起きた大量虐殺を描いた「ホテル　ルワンダ」、市民権を勝ち取るための戦いを描いた南アフリカが舞台のテレビドラマ「I'll Fly Away」などの暴力的なテーマを扱った作品は11、12歳の子どものためにならないと言っているわけでもありません。実際、教育的ツールとしても利用される「シンドラーのリスト」のような映画は、メディア暴力と子どもに関する議論の中で、子どもが見る暴力的メディアの宣伝を規制する必要はないのではないのかという理由でしばしば取り上げられます。それは一見もっともらしい議論です。しかし「シンドラーのリスト」は、就学前の子ども向けのニコロデオンのテレビ番組の中で宣伝されることはありませんでした。また、「シンドラーのリスト」は、多数のナチス党員のアクションフィギュア、ホロコーストをテーマにしたジャンクフード、バーガーキングとのプロモーション契約を発表した映画館では上映されませんでした。その映画は子どもたちを対象にしていなかったのです。

　今日、メディア暴力は一般化し、露骨になっています。そして、その多くはタダで視聴することができ、単に人々の注意をひいたり、関連した商品を売ることだけを考えられているため、幼い子どもがメディア暴力に触れることを制限する方法を見つけることが重要だと思います。少なくとも私たちは幼い子どもに積極的にメディア暴力を売り込むべきではなく、さらに親たちにもその有害性について教育する必要があります。また、メディア暴力にまみれた文化の中で無防備で成長する子どもたちが、目にした映像をうまく処理できるように手をさしのべなければなりません。子どもには実生活であろうとメディアの中であろうと、彼らが取り組んでいる全てに対応するような、安全で建設的な機会が必要なのです。もし幼い子どもがメディア暴力を目にしたら、映像の中で見たシーンは何らかの形で彼らの遊びに反映するでしょう。また、幼い子ども

が建設的に遊ぶ方法を見つけるために助けが必要でしょう。私は、家庭や教室での暴力的な遊びの芽を摘みたいと考えている親や教師と話し合いを重ねてきました。

　子どもたちがメディアを見て覚えた暴力を何かしらの方法で遊びの中に取り入れることを認めると主張する「The War Play Dilemma」の著者であるダイアン・レビンや、児童発達の専門家であるナンシー・カールソンペイジと私も同じ考えです。

　私がダイアン・レビンと話しをした時彼女は、「大人は子どもの暴力的な遊びに対してどのように対応するか苦慮しています。一方で私たちは、子どもは遊ぶために必要としている物を自分たちで工夫して持ってくることを知っているのでそれを尊重し認める必要がありますが、もう一方で子どもが自分の遊びから学ぶことも知っています。子どもが暴力に夢中になると、有害な悪いことを覚えているのではないかと心配になります。しかしその両方とも正しいのです。それこそが戦争ゲームにおける板挟みなのです」[21]と説明しました。

　また彼女は、暴力的な遊びの原因は全て同じではないと指摘しています。暴力的な遊びの原因がメディア暴力に関係している場合や、映像で見るものとそっくりのおもちゃが手に入る場合、子どもたちは同じ遊びを何度も繰り返します。つまり子どもたちの遊びはそこから発展せず、もはや彼らのニーズを満たすため、あるいは彼らが世界を理解するのを助けるための手段にはならないのです。[22]レビンは次のようにも言っています。

　　子どもたちがメディアで見た暴力をまねする遊びばかりしていると、そのことから多くの良くないことを吸収してしまうかもしれません。しかし時間と共に変化し展開していく創造的な遊びにそれを取り入れた場合、遊びは暴力的ではなくなり、問題をより解決できるようになってきます。メディア映像は子どもが積極的に遊びを創り上げることの妨げになり、それをどのように用いるのか学べない子どもも出てくるのです。

　最も影響されやすい子どもの心をとりこにすることを目的に、何十億ドルもの資金を投じてデザインされ販売されたメディアキャラクターを通して、暴力は子どもの心に刷り込まれていきます。子どもたちがスパイダーマンやパワーレンジャーのようなキャラクターが大好きなことは驚くべきことではありません。弱い者から強い者へ変身する能力は、どの発達段階の子どもにも存在する不全的な感情や無力感を巧みに刺激します。

　しかしメディアから生まれ暴力をまねさせるようなおもちゃは、創造的な遊びや子どもの幸福を推し進めるためでなく、販売利益を上げることだけを目的として作られています。これらのキャラクターはいたるところにあふれ、深い心理学的ニーズを利用して作られているため、子どもの福祉を懸念している親や教師たちにとっては有害な問題なのです。キャラクターはどこででも、つまりスクリーンや食料雑貨店、さらには学校にいてさえ目にします。子どもたちはキャラクターが大好きなのは事実ですが、その影響を懸念する正当な理由があることもまた事実です。

　子どもは悪者に抵抗して激しく怒り、その敵を打ち負かして悪に勝利することで大きな満足を得ます。また、暴力が争いの唯一の解決方法ではないにしても、それは正当だと毎日毎日、何時間も教え込まれるのです。皮肉にも暴力が正当化されて描かれると、子どもはより深くその正当性という概念を植え付けられることになります。[23]

　多くのメディア暴力をまねた遊びをした子どもと、実際に私が見てきた精神的外傷を負った子どもの記述を比較してみると、私たちの脳は Post-Traumatic Stress Disorder（PTSD）と同様にメディア暴力を認識しているという示唆にも大いに納得できます。私たちが手をさしのべなければ、子どもたちは型にはまった武道やレスリングの動き、ドカン！ バシッ！ ウッ！などの効果音が入ったメディア暴力をまねる遊びに夢中になります。つまり、ずっと空想の中で戦いを繰り広げるか、実際の戦いに移行するようになるかのどちらかでしょう。その意味では、メディア暴力をまねする子どもの遊びは、現実の精神的外傷に対処する子どもの遊びと同様なのです。

スパイダーマンやトランスフォーマーのオプティマス・プライムのような暴力的なメディアキャラクターが幼稚園児向けのおもちゃとして販売されました。しかし私は、企業はこのようなおもちゃを園児向けに売るべきではないと思っています。大人がこのような商業文化に触れさせるのを少しでも先延ばしにすることが、子どものためになるのです。子どもの希望や夢や不安（恐れ）に付け入るように描かれ、またそれに向きあう遊びの機会を与えないメディア番組を子どもに見せつけるのは不合理です。

　子どもが遊びを通じてスーパーヒーローに抱くあこがれを表現できるようにすることは、メディアが売り込む製品を買わなければいけないということではありません。ポケモンに熱中する7歳の息子を持つある親は、その番組やくり返す暴力的な遊び、そして関連商品を買ってくれとせがまれることにうんざりしていました。以前、息子が欲しがったおもちゃを買ってあげなかった時、彼は自分でポケモンのカードを作りましたが、彼女はしばらくして息子とその友人が商業版よりも自分たちで作ったカードにより関心を持っていることに気付いたのです。

　子どもが気にしていることや苦しんでいることに似せた内容の脚本に踊らされないためには、多くの時間と根気を要します。セラピストとしての私の役割は、私のオフィスにやってきた幼い男の子（大抵男の子です）が同じ言葉を発しながらドールハウスの人形やおもちゃを手当たり次第壊し始めたら、遊びの中の行動に隠された感情や背景を見つけることだと思っています。そして私は、「なぜそんなことをするの？」と尋ねるでしょう。さらに、「怖いわ」あるいは「ねぇ、もし君が屋根からつき落とされたら、間違いなくけがをするわ」と言うでしょう。私がプレイセラピーの中で子どもの役を決められるなら、お互いに傷つけ合う人々を見るのはどんなに恐ろしいことか話しをするでしょう。

　教師や親が、映像で見た暴力をまねして反復的で意味のない行動をとる子どもにそれをやめさせる唯一の方法は、子どもがそのキャラクターになりきることで感じる喜びや楽しさを尊重し、さらに一緒に他の遊びをするよう促すことなのです。

　ダイアン・レビンとナンシー・カールソンペイジは、子どもが興味を持った
スーパーヒーローを創造的なアートにしてしまおうと提案しています。自分の
スーパーヒーローのマントに飾り付けをしたり、子どもが自ら作り上げたスー
パーヒーローを描いたり、という具合に。たとえば、パワーレンジャーが協力
して家を建てることはできるのでしょうか？　パワーレンジャーを絵で表現す
ることはできるのでしょうか？　粘土から彼らの装備を作り出すことはできる
のでしょうか？

　前の章で紹介したアンジェロとの関係は治療に取り組む過程で生まれました
が、子どもがくり返しメディア暴力をまねしているのを見ると、教師や親に突
きつけられた課題を思い出すのです。深い悲しみや困惑、激しい怒りなどのネ
ガティブな感情によって無力感を感じさせるのではなく、子どもが自分自身を
見つけられる環境を作って、そのような感情も安全かつ自発的に表に出せる状
況を提供することが必要なのです。

　暴力的な遊びをしたいという子どもの気持ちを無理矢理抑えつけるのは得策
ではありませんが、暴力的な遊びに夢中にさせ続けるわけにもいきません。私
が子どもと一緒に遊ぶ時、子どもが創る空想の世界にネガティブな感情の解決
策を求めるのが私の目的ではなく、むしろ彼らが自分の方法を見つける手助け
をし、その過程で、自分は強く有能で創造的な人間であるという感覚を持てる
ようにしてあげることがねらいなのです。

　近頃の男の子はメディアをまねた暴力的な遊びに夢中になっていますが、21
世紀の幼い女の子は、メディア映像で目にする魅力的なおもちゃやアクセサ
リーを使った遊びに夢中になっています。

chapter 10

プリンセスの罠

ごっこ遊びと児童期中期の喪失

「プリンセスごっこしようよ」と４歳のアビゲイルが言いました。私たちが幼稚園のドレスアップコーナーで遊んでいた時のことです。そこには使い古された木製のシンクとストーブ、落書きされたテーブルや大人が使わなくなった装飾品が置かれていました。私は「いいわよ」と返事をしましたが、「あなたはどのプリンセスになる？」と尋ねられ困ってしまいました。なぜなら、彼女は私がある特定のプリンセスの名前を言うのを待っていたからです。それは「あなたの名前は？」という答えが決まっている質問ではなく、自由に答えなければならない質問でした。そこで私は、「プリンセス・アンナよ」とパッと頭に浮かんだ名前を言いましたが、彼女は面白がりながらも怒った様子で、「そんなプリンセスいないわ」と答えました。「そう？」と困惑して尋ねる私に、彼女は有名なおとぎ話をもとに制作されたウォルトディズニー社のアニメ映画のプリンセスである、「美女と野獣」のベル、「リトルマーメイド」のアリエル、「眠れる森の美女」のオーロラ、そして、主人公の名前が映画のタイトルになっているシンデレラの名前をすらすら挙げました。

これらのプリンセスが商業利用されていなければ、私はおとぎ話が大好きです。空想上の生き物と暮らし、驚きに満ちているこれらのプリンセスはごっこ遊びの重要な出発点だからです。

昔々…という書き出しで始まるおとぎ話は、人間のもっとも強い感情である悲しみ、ねたみ、恐れ、怒り、そして喜びに安心して向き合うための十分な時間を子どもたちに与えます。

とてもわかりやすく簡単な筋書きでありながら、時を経て書き直されていくおとぎ話を通して、幼い子どもは家族のいざこざや貪欲さ、孤独に耐える能力、そして困難なものに直面した時それに立ち向かう不屈の精神を理解していきます。[1]

　おとぎ話は、善が悪を打ち負かすとか、弱者が強者に勝るとか、知力が腕力に勝るなどの、一見克服しがたい障壁や長期にわたる争いに立ち向かうという昔からあるテーマを扱い美徳が報われるようになっています。ハンス・クリスチャン・アンデルセン作のあまりに痛ましい「マッチ売りの少女」のような物語を除き、おとぎ話には幸せな結末が保証されているのです。

　私たちが知っているおとぎ話の多くは何百年もの歴史を持ち、娯楽や教育のために何世代にもわたって伝えられてきた民話がもとになっています。どの国の文化にもこのような物語があり、その物語には似通ったテーマがあります。よく知られているおとぎ話の多くは、中世に西洋風に作り替えられた東洋と中東の民間伝承です。[2]

　ディズニーのアニメーションでは金髪で青い目の少女として描かれているシンデレラは、皮肉にも 9 世紀の中国の「Shen Teh」という物語がもとになっていると考えられています。17 世紀にフランス王室のために物語を書いていたパリの知識人であるシャルル・ペローによって書かれた物語をディズニーがアニメーション映画にしたのです。[3]

　その一世紀後のドイツでは、ヤーコプとヴィルヘルムのグリム兄弟も古い物語を集めて改作しています。グリムのおとぎ話はペローが書いたものよりもオリジナルに近いと考えられていますが、内容は残虐です。暴力行為が赤裸々に描かれているため、幼い子どもにはグリムバージョンを読み聞かせないようにしている人もいます。グリムの「シンデレラ」では、一番上の継姉は失くした舞踏会用の靴に自分の足を合わせるため、つま先を切り落としなさいという母親の命令に従い、もう一人の継姉も母親の命令でかかとを切り落としています。更にうそをついた報いとして、彼女らの目は鳩によってほじくり出されてしまうのです。[4]「白雪姫」では悪い女王が狩人に白雪姫を殺すよう命じて白雪

姫と一緒に森に送り出しますが、狩人は白雪姫を逃がし、その代わりに鹿を殺して白雪姫が死んだ証拠として鹿の心臓と肝臓を持ち帰りました。女王は直ぐにそれらを料理して食べてしまいます。最後に女王はそれまでしてきたことへの罰として、死ぬまで真っ赤に焼けた鉄の靴を履いて踊らされるのです。[5]

　書物やおとぎ話に出てくる暴力は、一部の人々にとっては確かに耐えがたいかもしれませんが、スクリーンで見る暴力とは全く異なります。子どもが物語を読んだり聞いたりしても、生々しい暴力シーンを見たことによる心像に悩まされることはありません。また、鹿が刃物で切られる場面や鉄の靴を履いて焼け焦げた足、死ぬまで踊らされる女王の苦悶の表情をアップで見る必要はないのです。子どもが読み聞きした物語の暴力シーンをどれほど生々しく心に描くかは、彼ら次第です。

　私が子どもたちに物語を読み聞かせる際、残虐な場面を飛ばして読むことはありません。これは私の個人的なやり方ですが、残忍なシーンの具体的な描写は物語の筋書き上なくてはならないというわけではないので、私はいつも読んでいて不快になります。剣の戦いや大量殺人、あるいは邪悪な鬼があっという間に退治されることには悩まされなくても、死の場面の記述には悩まされます。そのようなことをあまり気にしない人もいる一方で、一部の人々にとっては暴力を使って遊んだり、自身の恐怖や怒りの感情を安全に探求するきっかけとするには恐ろしいものでしかないのです。

　「私の４歳の孫娘は白雪姫のぞっとするような怖い話の部分が大好きなのよ。彼女は私に寝室の赤いスリッパを履かせて激しく踊らせ、倒れこんで死ぬまねをさせるの。何度もやらされるわ」とあるおばあさんが私に言いました。もう少し大きい子どもには、おとぎ話に描かれた暴力的な罰は正義や報復や体罰などの社会問題について語るきっかけになります。

　暴力はさておき、私がおとぎ話を愛する気持ちは私の社会的良心に基づいています。おとぎ話の内容には根深い問題があるものの、キャラクター自身に問題があるわけではなく、そこに最大の問題があるのです。おとぎ話は、男女の役割が厳しく制限されていた時代に書かれたもので、たとえばそこには、若い

女の子がハンサムな王子様と結婚していつまでも幸せに暮らしました、という結末しかありません。

　私は時折、フェミニスト的な観点からおとぎ話の内容を変えてみようとしましたし、演劇やパペット公演でも同じような試みをしてきましたが、それらは多くの場合全く反応がなく、政治の小冊子でも見ているようでした。

　よりフェミニズム的な視点でみた最も優れたおとぎ話の改作のひとつは、ゲイル・カーソンレビンによって書かれた「魔法にかけられたエラ」ですが、これは元の話から大きくずれています。劇作家であるトム・ストッパードが、ハムレットでは端役だった２人の登場人物を「ローゼンクランツとギルデンスターンは死んだ」という戯曲の中では主役にし、グレゴリー・マグワイアが彼の小説「ウィキッド」の中の「西の悪い魔女」を人間らしく描いたのと同じ方法で、レビンはより複雑な物語にするために、おとぎ話のあら筋や登場人物を利用したのです。悪い魔女といえば、おとぎ話に出てくる悪役はみんな同じように描かれています。悪役は徹底的に悪く、若干の例外はあるものの、「白雪姫」の悪い女王のように徹底的に醜く。そのキャラクターの短所は身体的特徴に現れるという確固たるメッセージを繰り返し浴びせることによって、子どもに非常に有害で間違った社会的固定観念を植え付けていることになるのです。

　私が顔貌異常を特徴とするまれな先天的な障害であるアペール症候群の８歳の少女を担当していた時にそれを痛切に感じました。彼女は、どういうわけか自分は遊びの対象にされてしまうというのです。「みんなは私を遊びに入れたがるけど、それが嫌なの。私はいつも魔女か怪物の役なんだもの」と強い口調で言いました。そして少し間を置いて、「あなたはいつも魔女役になりたい？」と尋ねました。

　それとは対照的に、おとぎ話のヒロインは美しく心優しい人として描かれます。私が子どもの頃に読んだおとぎ話のヒロインは、みんな色白で美しい顔立ちをしていると描かれていたのを覚えています。おとぎ話の中で白い肌の人（白人）が美しいとされるのは特に驚くべきことではありません。18〜19世紀のヨーロッパは多様で公平な社会ではありませんでした。アフリカ人奴隷のよ

うに、ユダヤ人街に隔離された浅黒いセム人に対する差別は当たり前だったのです。白人であることが良いという固定観念は説明可能ですが、人々の類似性を受け入れ、その違いを認め合う社会を構築しようと努力している私たちに対する、おとぎ話が示す課題を無視するわけではありません。

　おとぎ話はとてもおもしろく、ごっこ遊びをするきっかけにもなるので、私は子どもがおとぎ話に接する機会を作る必要があると考えています。強い女性が描かれたおとぎ話もあり、同じおとぎ話でも訳本によってヒロインの描かれ方は様々です。たとえばグリム兄弟が描いたシンデレラは、ペローのシンデレラよりかなり機知に富んだ女性として描かれていました。[6]

　おとぎ話の中の人種と性差は昔からあるテーマですが、他にも同様の固定観念がいくつかあります。私は子どもの頃、弟や妹たちがいつも良い子でいるだけでなく、時には自分より大きい兄や姉にも勝つというおとぎ話が大好きでした。そういう私はもちろん妹です。大人になった私は、おとぎ話の中で魔女のように描かれる継母のキャラクターに心を痛めました。「継母はみんな悪い人というわけじゃないよ」と5歳の子どもが私に言いました。彼がそう思っていたことはうれしいのですが、それでも「ほとんどの継母は良い人だよ」と言ってくれたらもっと嬉しかったに違いありません(読者の皆様が想像するように私は継母です)。

　様々な問題はあるにせよ、色々な文化やキャラクター(登場人物)が盛り込まれたたくさんのおとぎ話は、子どもが問題を解決するうえでなくてはならないものなのです。おとぎ話は口頭伝承から生まれ、個々の文化を映しながら少しずつ内容が変化してきました。私がおとぎ話を子どもに読み聞かせる時、その内容を少し変えることもあります。ヒロインを真っ黒な髪と美しい褐色の肌にしたとしても、話しの筋を作りかえたりテーマを損ねたりすることにはなりません。シンデレラが金髪や白人でなければならない理由はないのです。これらのおとぎ話の歴史的起源が真実でなければならないという議論は意味がありません。もしシンデレラの歴史的ルーツに忠実であるならば、彼女は中国人なのです。

おとぎ話が商業的にメガブランド化するとその深みや順応性は低下し、創造的な遊びのきっかけとしての価値も低くなります。ある人の価値観をもとに視覚化されたおとぎ話をくり返し見せられ、それとコラボレーションしたティアラ、宝石、ドレス、お城などが販売されることで、特定の特徴があるプリンセス像が作られ、子どもがそれをまねして遊ぶよううまく誘導するのです。このようなレールから子どもを逸らすことは容易ではありません。きらびやかさや企業の利益に重きを置いたディズニーのプリンセスに熱中しすぎると、ヒロインがプリンセスになる前に生じていた様々な問題について、たとえば近しい人の喪失、兄弟間の争い、親子の衝突など、より心理的な立場に立って遊ぶことができなくなります。

　私にディズニーのプリンセスを演じるよう求めたアビゲイルと遊んでいた時、彼女は私に床を磨くように言いました。私は彼女を見て、「私はシンデレラよ」と明るく言うと、彼女は威圧的に「ちがうわ、あなたはアナスタシアよ」と言いました。私が「アナスタシアは床を磨いたことなんて人生で一度もなかったわ！」と言い返すと、彼女は「シンデレラⅢでは床を磨いているわ」と優しく答えたのです。私は床磨きの手をとめて、「シンデレラⅢなんてあるの？」と驚いて尋ねると、彼女は「そうよ。シンデレラが結婚した後の話よ」と答えました。

　40,000を超えるライセンス商品が販売され、ディズニープリンセスの関連商品の売り上げは、2006年に34億ドルに達しました。[7]

　私はトイザらスのウェブサイトだけで235件のアイテムを見つけました。

　ディズニーが描く女性像が、幼い女の子に与えるマイナスの影響や女性らしさを意味することについては、他でも議論されてきました。[8]超痩せ型の体型や衣服などは、商業化され型にはまった美しさや女性らしさのイメージを表しているのです。これまで以上にディズニーはごっこ遊びに大きな影響を与えています。男の子たちが戦闘スタイルをまねするスーパーヒーローと同様に、ディズニープリンセスの映画やそれに関連する商品によって、今日の幼い女の子たちは商業的に作られたファンタジーの、終わりのないループに閉じこめている

のです。少女たちは映画で描かれたイメージにもとづき商業化されたごっこ遊びから、美しさ、人種、階級や行動などについて考えるようになっています。私のある友人は、「3歳の姪が人形を投げつけて、この人形は太っているからプリンセスにはなれないって言ったのを聞いた時はびっくりしたわ」と言いました。

　「プリンセスって何？」私がアビゲイルに尋ねると、彼女はすぐに「お城に住んでるお金持ちの女の子」と答えましたが、お城がどのようなものであるかについては少し曖昧で、「部屋がたくさんあるところかしら？」と言いました。それから彼女は目を大きく見開きとても興奮して、「あら、食べ物がないわ！そうよ召使いが使っちゃったんだわ！」と楽しげに言いました。

　王室を象徴するものはアビゲイルの遊びには出てきませんでしたが、身体イメージは別として、ディズニーが浸透させた価値感を無視するのは容易なことではありません。理想の女性は何でもしてくれる召使いがいて大きなお屋敷に住んでいるお金持ちの白人なのです。「私が3歳の姪に、『大きくなったら何になりたい？』って聞いたら、彼女は『プリンセスになりたい』って言ったのよ。完全にディズニーにかぶれてるわ」と同僚がため息まじりに言いました。

　シンデレラのようにディズニーにアニメ化されたおとぎ話やそれを見ることで植え付けられた価値観が、子どもたちにとって唯一のものになってしまうのです。ディズニーは子どもの商業文化の大部分を占めている3つの多国籍メディア企業のうちの一つ[9)]。おもちゃ、衣料品、食品、アクセサリー、そしてメディアを含むしたたかな戦略によって、幼い女の子がディズニーが売り込む商品をライフスタイルを取り入れるよう仕組まれているのです。

　生まれたばかりの赤ちゃんが病院から退院すると、プリンセスの家具や身の回り品に囲まれた部屋での生活が始まります。ビデオ、おもちゃ、アクセサリー、そしてディズニーのテーマパークへ行くことへの憧れは、児童期を通して存在します。ディズニーは2007年にウェディングドレスの販売を開始しましたが、同社はそれ以前から結婚式を盛んに宣伝していました。プリンセス人形の2003年のコマーシャルでは、ベル、オーロラ、シンデレラのドレスと

そっくりなウェディングドレスを宣伝していました[11]。ディズニーブランドにこだわる女の子は、以前から新婚旅行先として宣伝されていたディズニーリゾートでプリンセスと同じウェディングドレスを身にまとって結婚するという、彼女自身のおとぎ話を完成すべく大きくなっていきます。このようなディズニー花嫁は、自分の小さなプリンセスが自分と同じ道を歩むことも楽しみにするのです。

　「それでは、ブラッツ人形(MGA 社のファッション人形)はどうでしょうか?」と、私は親たちから講演中に尋ねられることがあります。「少なくともブラッツ人形は様々な肌の色をしていますから、どちらかというと良いのではありませんか?」と。ブラッツ人形は、ファッションに夢中な女の子として 2001 年に発売され、現在世界中で大ヒットしています[12]。ヤスミン、クロエ、サシャ、ジェイドのブラッツの人形セットは確かに、ベル、シンデレラ、アリエル、オーロラと比べると様々な肌色をしています。

　ブラッツブランドの文化的な多様性を良しとすることの問題点は、子どもたちがおもちゃから学ぶ教訓を区別しないことです。拒食症患者のように痩せているか、ステロイドで増強されたような体型のアクションフィギュアで遊んでいる時は、その文化的なメッセージを理解することはなく、他人を顧みることはないでしょう。

　ディズニープリンセスと同様、ブラッツブランドにもビデオ、映画、車、アクセサリー、衣料品などがあり、その上女の子たちは、女性や唯物論的な価値観に関する固定観念にしばられ、あらかじめ決められているシナリオにがんじがらめにされているのです。人形の痩せた体型に加え物憂げな表情、そして「ランチ・カルチャー(低俗文化)」を少し和らげた挑発するような性的特徴は、しばしばポルノ映画の女優の特徴として描かれるものです[13]。

　ブラッツブランドは、著作権のある関連商品で利益を得ようとはしていませんが、その代わりにお金持ちの 10 代のだらしない女の子たちが身につける装飾の夢を助長しています。このブランドには、フォーエバー・ダイアモンド・オープンカー、さらにバーを完備したリムジンまであります。英国ではブラッ

ツのリモコンカーのおもちゃは次のような宣伝文句で販売されています。「リモートコントロールビークルで街に出かけよう」覚えておいてください。これは運転している時にどのくらい格好よく見えるかを言っているのです。ブラッツは顕示的欲求を満たす戦略をとっているのです。

　また、ブラッツ人形はおとぎ話に出てくるような立派なお城には住んでいませんが、ディズニープリンセスと多くの共通点を持っています。2つのブランドは女の子たちの興味、好み、そして遊ぶ時間でバービーとも競っています。

　子どもたちに多様性を一つの価値観として受け入れてほしいと願うなら、多文化的なおもちゃや書籍、それに一般的な固定観念に縛られていないメディアに触れる方が良いのです。おもちゃやメディアの多様性は、子どもに生きる力を与えるような価値観や民族的に異なる環境での遊びの代わりにはなりませんが、以下の2つの理由から重要と言えます。一つは、少数民族の子どもたちは、少数文化にしみ込んでいる物語の中に、子どもたち自身の権利を回復させるものを見出すことになります。つまり、少数文化の中に含まれているのは、社会的に有効な力を考え、思い出して形成することになるのです。もう一つは、全ての子どもが文化間の類似点と相違点とを体験することはためになるからです。

　この点から考えると、ディズニープリンセスの容姿に民族的な多様性はほとんど見受けられません。ディズニーはアジア人のムーラン、先住アメリカ人であるポカホンタスをプリンセスに加えましたが、これらのキャラクターは白人プリンセスを越えられず、プリンセスのメインキャラクターはベル、シンデレラ、アリエル、そして「アラジン」のアラビアのプリンセスであるジャスミンでした。しかしこれらの映画が封切られると、アラブ人とアラブ系アメリカ人から抗議の声が上がりました。ヒーローもヒロインも、他のキャラクターと比べるとコーカサス人のように白い肌に描かれていたのに、悪役たちはおきまりのアラブ人の特徴を際立たせて描かれていたからです。

　もしあなたが当事者でなければ、文化的で商業的なアイコンが昔から変わらない固定観念によって直接的、あるいは排斥によって、間接的に人種差別を生

む社会に生きていることで感じる深い怒りや痛みを理解するのは難しいでしょう。文学や音楽、そして美術の中の固定観念の存在は、とりわけ風刺的に描写されたくないと感じている人々に苦痛を与え、固定観念的なおとぎ話のキャラクターはあらゆる人々に対して問題をはらんでいるのではないでしょうか。なぜなら、それらのキャラクターは私たちが人間の複雑さを理解することを制限するばかりか、私たちが良くないことをするようそそのかしてさえいるからです。他人がどのように見えるかという概念は、人種差別や偏見を煽ることになり、度を過ぎると身体的な特徴とキャラクターの特徴を結びつけることは、集団虐殺を引き起こすくらい危険な場合があります。人種差別や偏見に立ち向かうための意識的な努力がなされなければ、社会的な固定観念は2歳くらいの幼い子どもにも植えつけられてしまうかもしれません。[17]

2009年にディズニーは黒人のプリンセスを加えましたが、彼女がプリンセスの一員としてどのような存在になるかはまだわかりません。[18] 私が話しをしたアフリカ系アメリカ人の親たちは、黒人プリンセスの誕生に良い点もある一方、悪い点もあると言っていました。黒人のプリンセスがいることによって、黒人の少女たちが毎日のように受ける「プリンセスはすてきだけど、プリンセスになれるのは白人の女の子だけよ」というメッセージに傷つけられることはなくなりますが、それまで黒人のプリンセスがいなかったことを理由にディズニープリンセス文化から距離を置いてきた黒人の親たちにとっては、自分の娘が商業文化に夢中になることを容認することにもなるからです。私の同僚であり、母親と子どもの著名な代弁者であるエノラ・エアドに新しいプリンセスについて尋ねると、彼女は「黒人のプリンセスが子どもたちにどのような価値観を植え付けるのか問う必要があります。黒人のプリンセスは白人であることが美しさの基準であるということを明確にするのでしょうか。既に過度に商業化されている子どもの生活に、黒人のプリンセスはどの程度まで貢献できるでしょうか。利益はおそらくコストを上回るでしょう」と語りました。

私の友人に多様性を優先事項として扱うよう長年マスコミ業界に働きかけている仲間がいます。ある程度の成果はありましたが、厳しい環境下での戦いで

もあります。

　今日よく知られているメディアやテレビ番組のヒーロー、悪役の人種や民族性について考えてみて下さい。アラブ人はどのように描かれているでしょうか？　アジア人のキャラクターは何人登場するでしょうか？　誰が美しいとされているでしょうか？　誰が悪役でしょうか？　アフリカ系アメリカ人やラテン系アメリカ人はどのように描かれているでしょうか？

　ワシントン大学ボセル校の総長でもある心理学者のケニオン・チャンは、大きい鼻と青い肌を持つ小人のスマーフを主役にした中世のヨーロッパが舞台の1980年代からの人気アニメシリーズについて相談を受けたことを覚えていました。そのことについて彼は、「私は話しをより多文化的な設定にして、舞台となるところは城壁で囲まれた街ではなくするべきだと提案したんだ。つまり、アフリカからの旅人やアジアからの賢者のような様々な肌色を持つキャラクターを登場させられるようにね。ところが作者は、有色人種の人々は実際には中世のヨーロッパに住んでいなかったことを延々と説いて異議を唱えた。確かにそれは事実だが、スマーフだって実在しないキャラクターでしょう！」と話していました。

　それはさておき、子どもと遊ぶ利点のひとつに、広くはびこる固定観念を払拭するために新しいアイデアを取り入れるきっかけとして、ごっこ遊びがあげられます。私が子どもと遊ぶ時は大抵彼らの指示に従うようにしていますが、その遊びがセラピーのためであろうとただの遊びであろうと、子どもとは別の観点を示す時もあります。

　私はかつて、パペットのオードリーダックに恋した5歳の男の子を担当しました。彼はオードリーと結婚して赤ちゃんが生まれるというストーリーを作りました。「赤ちゃんが生まれた時にはね、『なんて美しい赤ちゃんなの！』と言わなければいけないんだよ」と言って自慢げに「僕がお父さん！」と付け加えました。それから彼がプレイしているバスケットボールを見にくるようオードリーと赤ちゃんを誘い、「君たちは僕を応援しないといけないんだよ」と言いました。コートのサイドラインに座って数分後、私はいつになったらオード

リーが遊べる番になるのかしらと思い始めました。「不公平だわ。私がバスケットボールをする間、あなたが赤ちゃんを見ていてくれない？」とオードリーが言っても彼は知らん顔をしていましたが、オードリーは不公平だと訴え続けました。「私も遊びたいわ。代わりばんこにできないの？」しばらくすると彼はオードリーの言うことに応じて、しぶしぶ赤ちゃんのためにバスケットボールをやめました。

　マスメディアからおもちゃに至るブランドに夢中になっている子どもの問題のひとつは、それらのブランドの影響を受けて決まり切った遊びしかしなくなっている状態からいつ脱却するか、つまり子どもたちをどれほど理想的に遊ばせるべきかということです。多様なテレビ番組やブランド化されたおもちゃのおかげで発展した商業文化にどっぷり浸かっていると、子どもは遊びに創意工夫をしなくなります。スパイダーマンやパワーレンジャーが幼い男の子たちを暴力的な遊びに夢中にさせるのと同様に、ディズニーにどっぷり浸かった幼い女の子たちは、誰かに救われるのを待つか弱い女性になって遊ぶことに夢中なのです。

　寝室のスリッパをはいて死ぬまで踊るふりをさせられた前述のおばあちゃんは、プリンセスのお話しをしてとせがむディズニーに夢中の孫娘のリクエストを、男女の役割について新たな見方を教えるきっかけにしました。「私はプリンセスのもとを訪れて、お皿を洗う王子様の話しを作ったのよ」と彼女は言いました。

　プリンセスごっこ遊びに関してもう一つのエピソードがあります。4歳のアビゲイルはエジプトからの集団脱出を祝うユダヤ教の祝日である過越祭をプリンセスの物語に入れていました。「私は紅海で溺れかけているプリンセス。あなたは私を助けに来るプリンスよ」と彼女は言い、海にドボンと落ちるふりをして叫び始めました。「助けて助けて。溺れているの！」私はどうするか考えながらしばらく立っていると、アビゲイルは溺れるふりをするのをやめて「助けて！」と切羽詰まった様子で言いました。私は、「やれやれ。プリンセスが溺れているのに僕は泳ぎ方さえ知らないんだ。彼女を助けなければならないの

に」と言って、助けが来ない時にか弱いプリンセスを演じる彼女がどうするのか見たくて、私は海に飛び込んだふりをして「助けてくれ！　助けて！」と叫んでみました。すると突然、物語が変わったのです。彼女は「泳ぎ方を思い出したわ」と言ってプリンスを助けたのでした。

　子どもの遊びに対する私たちの貢献が進むべき方向から大きくそれたり、特別の筋書きやテーマが子どもたちにとって重要な意味がある場合、彼らは自分の意見に固執します。アビゲイルが美しい鳥たちのいる野原を歩くプリンセスになった時は目を閉じて、「妖精が私のペットに美しい鳥をプレゼントしてくれますように」と祈り始めました。彼女は片方の目を開けて私に、「あなたは私の妖精よ」と言いました。私はしばらく考えて、「プリンセスが鳥をお望みになっていると聞きました。でもここにいるのは野生の鳥なのでペットにできません。あなたに鳥をプレゼントすることはできないのです」と言うと、彼女はとがめるように目を見開き、「ダメダメ！　全然ダメ！」と激しく言いました。「この鳥たちはペットにできる鳥なの！」妖精の私は彼女が欲しがった空想の鳥を贈ったのです。

　おきまりの男女の役割、非現実的な体型、そしてディズニープリンセスやブラッツ、バービーなどのブランドによってエスカレートした物質主義的価値観に対抗するために最善の努力をすることはできますが、幼い女の子向けのおもちゃ市場の勢いは心配です。それらは主に商業的に構築された現象であり、私がこの本の中で定義する5、6歳〜10、11歳の児童期中期を奪う現象です。

　「子どもたちは大人びたことをしたがる」という決まり文句は、おもちゃや衣料品などのマーケティング業界における共通の嘆きですが、同時に、携帯電話から大人びた下着に至るまで、7歳児向けのあらゆる商品の正当性を主張するマーケット側の口実としても使われています。マーケットは6〜12歳の子ども期を奪い、その代わりに彼らを10代になりたいと願う画一的な消費者層である"tweens"にしてしまったのです。今日、これらの業界は未就学の子どもたちもターゲットにしています。4〜6歳の子どもたちは"pre-tweens"と呼ばれ、ボンベルのような企業は、M&Ms、ドクターペッパーなどの様々なフレー

バーのリップグロスを販売して、幼い女の子たちに "pre-makeup" を勧めています。[19]

　マイスペースのようなサイトとミストのようなインターネットのファンタジーゲームの要素を兼ね備え SNS に制限を加えたバージョンは、5 歳ぐらいの幼い子どもをターゲットとしています。プレイヤーは仮想空間の中でアバターに服を着せたり部屋を装飾したりできるので、独創性と個性を伸ばせるように錯覚しますが、私が見た現在人気のある Webkinz.com のようなサイトでは、あらかじめ決められた選択肢からしか選ぶことしかできません。ゲームは面白いのでこれらのサイトの魅力は理解できますが、利益を得るという目的が根底にあることは否めません。BarbieGirls.com や Stardoll.com などのサイトで創造性は養われませんが、実際多くのゲームが少女たちに家具や衣類、アクセサリーなどの買い物の仕方を教えることを主な目的として作られているように感じます。これらのゲームは、実際に人形の服を自分でデザインして紙にスケッチして生地から作ることとは違います。[20] マテル社が BarbieGirls.com を始めた時、おもちゃの評論家は、「女の子たちはサイトにアクセスして友だちとチャットし、それぞれが作り上げた仮想の部屋や洋服を比べられます。それはまさに、女の子たちが求めていたものなのです」とコメントしていました。[21]

　しかし子どもたちは本当に大人びたことをしたがっているのでしょうか？女の子たちは以前よりも早く思春期を迎えています。しかしながら、彼女たちの認知面や社会面、情緒面の発達や判断力がそれに追いついているという確証はありません。脳の判断力を司る部分である前頭葉は、20 代中頃になるまで十分発達しないのです。21 世紀の商業文化漬けになっていると、就学前の子どもが思春期の大きな関心事である性やアイデンティティ、所属などについて、それらが意味することを理解する前に早くから興味を持ってしまうのです。

　2007 年のアメリカ心理学会の幼い女の子の性意識に関するレポートでは、次のように報告されています。「おもちゃメーカーは黒い革のミニスカート、ボアの服、太ももまであるブーツをはかせた人形を生産して 8〜12 歳の女の子

向けに販売し、衣料品店では7〜10歳向けのTバックの下着が売られています('目の保護'や'wink'などとプリントされているものや、大人の女性が身に付けるようなTバックの下着もあり、思春期後期の女の子向けの下着には、ドクター・スースや、ザ・マペッツのキャラクターがプリントされています)。また、子どもの美人コンテストの世界では、5歳の女の子が付け歯や付け毛をつけて化粧をし、長い付けまつ毛をパタパタさせてステージ上で誘惑するような仕草をさせられています。テレビのゴールデンアワーの少女向けファッションショー(たとえば、CBSが2005年12月6日に放送したVictoria's Secret fashion show)では、幼い女の子のモデルがセクシーな下着を身に付けているのです[22)]。

　今の子どもたちは幼い頃から服装や持ち物など、大人びたものを身につけるようになっています。おもちゃ業界の経営者たちは、子どもは6歳になる頃にはおもちゃで遊ばなくなり、携帯電話やビデオゲーム、コンピューターのような"大人が持つ物と同じような製品"へ興味を移してしまうと嘆いています[23)]。彼らがテクノロジーとともに成長するということは、コンピューターやMP3プレーヤー、携帯電話、ポータブルの電子ゲームなどのコンテンツを利用することを意味しています。しかし、子どもがそれらの機器を使って見聞きしたことにうまく対処でき、また、画面と向き合い多くの時間を費やしても問題は生じないという確証はどこにあるでしょうか？　子どもたちのテクノロジーの識見に驚嘆すると同時に、私たちよりジョイスティックの使い方やネットサーフィンの仕方、リモコンの使い方をよく知っている6歳の子どもが、その意味を理解する方法や、偏在する商業主義、仮想現実の中で目にするポルノグラフィーをはじめ、皮肉な言葉、性差別、暴力から自分を守る方法を知っているかどうかは疑問に思わなければなりません。

　疾病予防管理センターによると、2005年にアメリカの中学3年生(14〜15歳)の男女の3分の1以上はすでに性交渉の経験がありました。多くの子どもが14歳で性交経験があるというこの事実は、必ずしも彼らがパートナーとの間に感情的な親密さを築いていたり、特別な結びつきを持っていることを意味

するもではありません。

　もし、子どもが本当に大人びていて、実際に肉体的、認知的、社会的、感情的な成熟の過程の全てを以前より早く経験していたとしても、彼らに大きな影響はないと考えがちですが、そうではないのです。

　心理学者デイビット・エルカインドは1980年代初頭から、子どもがあまりにも早く成長するでもたらされる厭世感や皮肉な考え方、感動の欠如などについて著していました。[25] 同時に、文化評論家のニール・ポストマンは幼年時代の喪失についてだけでなく、成人の幼児化についても著しています。[26] 以前に比べ子どもたちは自立するのに長い時間を要しているように感じます。現在、大卒者の約40％が卒業後に親元へ戻っているのです。[27] 彼らは家族を養うためではなく、お金を節約して自立することを先延ばしにするために親元に戻るようなのです。[28]

　アメリカで最大の集会である2007年のキッズパワー市場会議で提案されたワークショップに、「KGOYとKSYLは共存できるか？」がありました。前者は「子どもたちは大人びたことをするようになってきている」を表す頭文字を並べたもので、後者は「子どもたちはいつまでも幼い」を表しています。[29] 子どもの知力や体力の成熟が以前より早くなっているということではなく、彼らが大人になることを何かが邪魔しているのです。その「何か」は、子どもが児童期中期を経験する機会を私たち大人が奪ってしまっていることではないでしょうか。おそらく今の30歳はかつての20歳くらいの成熟度ですが、12歳は20歳、6歳は12歳くらいの早熟度となっており、KSYLはKGOYの当然の結果なのです。子どもは創造的な遊びをすることによって達成感を得たり、自立を探求したり、建設的に問題を解決したり、物事の意味を考える方法を学んだりできることを、何年も気にせず今日に至りました。

　思春期は生まれてからの6年間とは異なり、学習に関して急激な変化が起こるため、新しく獲得したスキルに適応しなければならない時期であり、また身体的な変化やアイデンティティの問題が新たな自意識を生み、ホルモンの変化によって感情の浮き沈みが生じる時期でもあります。

　それに対して児童期中期は、まだ自分で自身の身体をコントロールできる時期で、スキルが磨かれ想像力が伸び、外界との相互作用から達成感を経験できる比較的安定した時期なのです。子どもはこの児童期中期に、少なくとも読むことや計算することといった基礎的な能力を身につけていきます。そして彼らの基本的な身体的協応力は、走ったりジャンプしたり、片足跳びをしたりスキップしたりできるほど十分になり、より難しい本を読んだり、より複雑な数学の問題に挑戦したり、様々なスポーツやダンスや体操を学ぶことなどにより認知能力や身体能力を向上させていきます。

　この時点で、子どもの判断力は少なくとも自分一人で遊べるようになるほど十分に発達しています。さらに彼らは助けあえるようになり、楽しみを後にとっておくこともできるため、複雑なプロジェクトを一人でも友達とでも行うことができるようになります。大人は家にいてもかまいませんが、子どもと同じ部屋にいる必要はありません。外で遊ぶのに安全な場所があれば、子どもは自分一人で外で遊ぶことができます。

　児童期中期は子どもに重要な影響を与える対象が家庭から友だちに移っていく時期でもあり、知的で創造的な探求のためにとても豊かな時間なのです。今の女の子は以前よりも早く思春期を迎えていますが、身体的にはまだ比較的安定した時期です。つまり、児童期中期のある時期まではホルモンの変化や自分ではどうにもならない身体の変化に悩まされることはないので、異性を意識せず友情を育むこともできるのです。

　発達心理学の特質のひとつに、それまでに獲得したスキルと知識を基盤として、認知的、感情的、社会的に発達していくという基本的な考えがあります。発達心理学者エリク・エリクソンは、特定の社会的および感情的な課題を乗り越えることに焦点をあてた成長と発達の段階を明らかにしました。彼によると、私たちは世界に対する基本的な信頼感を構築することによって、幼児期から思春期へと発達していきます。つまり、自律性を確立するための信頼感を構築すること、創造力を発揮して物事を自分の感覚として体験できるようになること、複雑な課題をどのように乗り越えるかを学ぶことによって達成感を獲得

するための創造力を構築すること、自らのアイデンティティや所属感を構築するための能力を確立することなのです。

　これについて別の考え方をすると、幼児期に信頼を構築しなければ自律性を育むことはできないのです。自己の感覚を持っていなければ、幼児期に創造的に遊ぶことはできないでしょう。創造性を発揮できない場合、児童期中期により複雑な考えを実行に移す能力を身につけることはできません。自分自身が有能であるという感覚を一度も体験したことがない場合、思春期に私たちを世話してくれる人とは別の独自のアイデンティティを確立することはできないでしょう。

　遊びに関するエリクソンの業績で最も参考になることは、子どもの体験と欲求との観点から、内容を理解するためのフレームワークを提供していることです。私はこの本の序文の中で、目の前の物や人が見えなくなっても、それがなくなってしまったわけではないことを赤ちゃんに学ばせる方法としての「いないいないばぁ遊び」について触れました。その他に赤ちゃんにそのような感覚を学ばせる方法として、赤ちゃんが自立する練習を始めるにあたり、世界は安全で安定しているという信頼感を構築することがあげられます。

　さらに独立性と自立性を身につけるために重要な要素は、自分の身体をコントロールする感覚を発達させることです。子どもが自分にとって重要な問題が創造的な遊びのテーマになる傾向があることを考えると、幼児にとってトイレでの遊びがとても楽しいものであることは容易に理解できます。

　おまるを使うことに興味を持ち始めた28か月のエバは、壁にかかっていた紙のドラゴンを取ってと父親に頼みました。「娘は紙を丸めて、それをドラゴンから出てくるようにしたんだ。ドラゴンのお尻を拭くまねをしていたよ。それから私に、ドラゴンのおむつを作るのを手伝ってと言った。僕たちはいつも色々な動物のぬいぐるみにおむつをしたりおまるに座らせたりするんだよ」とその父親は言いました。

　エバのような幼児は創造的な遊びをする初期の段階にあります。数年もすると彼女は自分の興味や経験を元に、自分自身の話しをしたり歌を作ったり、空

想上の友人を考え出したり、積み木で色々なものを作ったり、絵を描いたり、粘土で何かを作り出したりすることでしょう。彼女の創造的な試みが頭角を現す余地があるなら、彼女は独特の創造物を生み出すことで生まれる高揚感や、多くの楽しい時間を経験するに違いありません。

　先日、親族が集まって食事をした時、デザートを終えて大人たちがコーヒーを飲みながら話していると、4歳のマーリーはテーブルから離れていいか尋ねました。しばらくするとピンク色の透けたガウンを羽織って戻ってきて、自分で作った歌を歌いながらテーブルの周りを踊り始めました。彼女は優しく歌い始めましたが、周りを動き回っているうちにどんどん熱中して感情が高ぶり、声が大きくなりました。そして最後は見事な大声で、ドラマティックに両手を差し出しながら情熱的に歌ったのです。「私は…神様…なのよ！」彼女は最後の音を長く伸ばし、声を響かせ続けました。深呼吸をしながら速い調子のスタッカートで締めくくり、「全部私が作った歌詞よ！」と言ったのです。

　幼児が成長しながら遊びを創造し続けるとしたら、その種類と内容はますます複雑になっていくでしょう。ドラマティックなごっこ遊びは実際の演劇になるかもしれませんし、デッサンやお絵かきはより精密なものになり、積み木の組み立ては工学的に高度なものになるかもしれません。

　ある同僚が息子のエピソードを思い出して話してくれました。「ある時彼らは海岸で大きな死んだ魚を発見したんだ。それを僕たちに見せるために家まで運びたかったけどその魚には触りたくなかった。そこで彼らは何時間もかけて海岸で見つけた葦と海藻で魚を運ぶためのキャリーを編んで、それを使って得意顔で家まで運んできたよ」そして彼はちょっとの間考え込んでから言いました。「まるで狩猟採集民になるごっこ遊びをしていたようだったな」

　あなたの子ども時代や好きだった遊びを思い出してください。皆さんが一番楽しく夢中になって遊んでいたのは何歳頃だったでしょうか？　このように私が尋ねた人々の多くは、それは6歳〜10歳くらいだったと答えます。「ごっこ遊びについて本を書くなら、小学生だった頃友だちと遊んだボール遊びに自分たちでルールを作ったことを書いてくれよ」と30代の友人は言いました。ま

た、「僕らはよくみなしごごっこをしたよ」「色々な冒険をしたな」「私たちはドールハウスで遊んでたくさんの要塞を作ったわ」などと話してくれました。

　おむつがはずれてから数年後にティーンエイジャーのように振るまうように求められると、子どもたちは児童期中期に得られるはずの喜びや楽しさを経験する機会を失い、創造的な遊びから遠ざかってしまいます。ある調査によると、アメリカの9〜12歳の子どもがごっこ遊びをするのは、1日たった1分だということです。エルカインドとポストマンが、「子ども時代の減少」について書き始めた1997年頃は15分でした。6〜8歳の子どもが創造的な遊びに費す時間は、1997年から現在までの間に、25分から16分に減少したのです[30]。

　発達心理学者たちは子どもはそれぞれの速さで発達していくと考えていますが、発達段階に近道はありません。児童期中期の喪失は幼児期から始まります。それは娯楽のためのスクリーンや、娯楽のために販売されるものに依存することに赤ちゃんを慣らしてしまうことから始まるのです。私たちは幼児がそれを欲しがる前にメディアのキャラクターが付いたベビーベッド、衣類、おもちゃ、おむつをそろえ、ことあるごとに彼らをスクリーンの前に連れていきます。それによって彼らは電子メディアが楽しさを与えてくれることを学ぶのです。幼稚園児になるまで、キャラクターはあらゆる製品に付いてまわります。子どもがたった数か月前に好きだったおもちゃやゲーム、テレビ番組を「あれは赤ちゃんっぽい！」と言っているのを私たちはよく耳にします。もしも幼児期からメディアが生み出した製品によって喜びを得られると感じたら、彼らはより洗練された別のブランドを探すことでしょう。いわゆる"tweendom"の時期に入る以前に子どもはおもちゃで遊ぶことを完全に止め、"ネット上で楽しみを見出しなさい"という強い商業メッセージを受け取るのです。

　親が子どもを台無しにする商業文化から自分の子どもを守れるのは、幼児期と児童期早期です。赤ちゃんはスクリーンの前に座らされても文句を言いません。商業文化に触れるのを遅らせるほど、赤ちゃんは自分から何かをしたり、問題を解決したり、彼ら独自の創造的な遊びを生み出すための才能を発達させる機会が得られるのです。しかしそこには、赤ちゃんや幼児をスクリーンに釘

付けにするように私たちを仕向ける、強力な力が存在するのです。

Chapter 11

生きるための遊び

私たちがごっこ遊びから得るもの

　2歳半のキャシディーが、とうとう全ての服を自分で脱ぐことができるようになった時、彼女は裸になってリビングへ飛び込んできました。そして困惑した両親の前に立って意気揚々と両手を振り広げ、有頂天になって「服から出てきちゃった！」と言いました。

　キャシディーの父親とこのことについて談笑した後、私は自分の身体と洋服との接触が気になり始めました。普段は滅多にないことですが、自分が身につけているもの－ゴム紐が締め付ける痛み、膝を引っ張る布、疲れきった足を締め付ける革－などを不快に感じたのです。そして突然、晩秋の頃にバーモントの山の麓にある池で泳いだことや、ベッドに寝転がると開け放った窓から優しい春風がそよいできた懐かしい思い出が溢れ出てきて、たまらなく服を脱ぎたくなりました。

　私は、懐かしい田園風景が悩みを解き放ってくれるように、子どもの頃のロマンス情趣に富んだ光景を手に入れたわけではありませんでした。自分自身の幼年時代は決してそんなものではありませんでしたし、陰惨な気持ち、恐れや怒りから生じるつらい感情にもがいている子どもたちを助けることに多くの時間を費やしてきました。人々が「無垢な子ども時代」について郷愁をこめて語る時、私は神経質になります。なぜならそのような言葉は、子どもが深い感情を持つことを否定し、セクシャリティーについての問題や、複雑な問題に取り組むことを否定した場面で使われることが多いからです。

　適切な環境で成長した子どもにとって「無垢」とは、未熟な認識と経験不足

が混ざり合ったものです。そのような無垢な面が少しでもあれば、しばしば手厳しい評価を受けることでしょう。私の孫娘マーリーが３歳の頃ーまだイラク戦争が終息する気配が見られない頃ー彼女をキャノビーレイク公園に連れて行きました。そこは自宅から１時間ほどの所にある家族経営の遊園地でした。48インチ以下の子ども向けの迷路を通り抜けたところにマシンガンが備え付けられた小型戦闘機の乗り物がありました。マーリーは銃について尋ねませんでしたし私も特に説明しませんでしたが、彼女がその小さな戦闘機に乗り込んだ時にそれをどう扱うか、私は興味津々でした。周りの子どもたちは楽しそうに銃を撃ちまくっていましたが、マーリーはただ戦闘機に乗って顔を銃に近付けて覗き込んでいただけでした。後で彼女に戦闘機に乗って何をしていたのか尋ねると、「写真を撮っていたのよ」とのことでした。彼女は、銃をカメラだと思っていたのです。

　銃や戦闘機や大量虐殺など、子どもが知らないことに興味を持つのはよくあることですが、マーリーは３歳の時点では幸運にも、まだ暴力や戦争に興味を持っていませんでした。イラクや紛争地、都市の貧困地区に暮らす子どもたちと違って、彼女はそういうこととは無関係で、まだメディア暴力にも触れていないようでした。遅かれ早かれ比較的早い時期に、彼女にとって銃はもはやカメラではなくなるでしょう。

　私たちは、世界的な不公平や苦痛、そして運や私たち自身の評価に左右される苦しみからどれだけ子どもを守れているでしょうか。私たちがいかに子どもを守っても、彼らが成長するにつれ無垢でなくなっていくのは避けられないことです。しかし彼らが悲観的になったり、疲弊したり、世界で起こっていることに対して無関心になったり、大きな困難に直面して無力感にさいなまれたりすることは避けられないことではありません。先ほど紹介した、意気揚々と服を脱いで裸になったキャシディーのような行動は、子ども期の最も良い時だけに見られるわけではありません。何らかの人間性あふれる時、つまり好奇心や達成感や可能性や喜びがあふれる時にも見られます。そしてこれらは、愛情や共感といった精神的・心理的健康の基盤の上にあるのです。

好奇心にあふれた幼い子どもが友達といることを喜ぶのは、そういうわけです。子どもは大人が当たり前だと思っていることでも先入観にとらわれることなく見ます。大人にとって服を脱ぐことは非常に日常的な行為です。シャワーを浴びたり、寝たり、仕事や遊びのために着替えたりする行為は、次の行動に移るために必要な行為です。しかしキャシディーにとっては、服を脱げるようになったこと自体が驚くべきことで、それ故ワクワクしたのです。彼女は自分の能力に驚き、初めて感じた開放感を満喫しました。マジックテープやスナップボタンをはがす方法や、ファスナーを開けたりボタンを外したりする方法を覚えるまで、ずっと彼女は服の中に閉じ込められていたのですから…。まもなく、彼女は服を着るより複雑な動作の習得にも喜びを感じ、着るものを自分で決めるようになるでしょう。ある4歳児は誇らしげにこう言いました。「全部自分一人で着て、ボタンだってはめたのよ！」

私たちは大人になると好奇心を忘れてしまうわけではありません。それどころか、好奇心は創造性になくてはならない基本的な要素なのです。りんごが頭に落ちてきて万有引力を発見したアイザック・ニュートンの話は一見作り話のようですが、科学的発見において好奇心が必要であることを示す良い例です。それまでは、物が落下するのは当たり前のことと考えられてきましたが…。世界を理解する新しい方法を発見するには、他人が当たり前と思ってきたことや全く気づかなかったことに、特別な違いを認識することから始まります。たとえば、アルバート・アインシュタインの関心事はコンパスが常に北を指すことで、それは彼が大人になってから磁場という目に見えない力を探究することにつながりました。芸術もまた好奇心に支えられます。芸術家の中でもとりわけ優れた芸術家が持つ資質の一つに、彼らの独自なものの捉え方が挙げられます。たとえば、葉を照らす光の質感、寄せる波が砂浜に残した紋様、歳を重ねた高齢者の顔にできた皺など、彼らは私たちが見過ごしている世界について、あらゆるものに目を向けるのです。

好奇心は精神の基盤です。20世紀の偉大なユダヤ教聖職者で活動家、哲学者のアブラハム・ヨシュア・ヘッシェルは、まず世界があり、我々はその一部

に過ぎないという畏敬の念を込めた「根本的な驚き(radical amazement)」という言葉を考案しました。「根本的な驚き」とは、私たちがコントロールできるか否かといった認識も含めて、私たちが呼吸していること、意志の働き、自然界の尊厳、そしてそこでの人間の立場といったものへの驚きです。[2] しかし、ヘッシェルはまた、私たちが不思議に感じる能力にも驚きがあると述べています。私の部屋の窓から見えるハナミズキが毎年花を咲かせることや、一粒の種から複雑なヒマワリが芽を出すことだけが驚くべきことではありません。私が今生きていて驚きを体験できるということもまた驚きなのです。日常生活でストレスを受けたり混乱を感じる時も、自分の周囲の不思議に驚きを感じることができれば、高い意識を持って人生を送れるようになります。

　キャシディーは成長すれば、世の中を彼女なりに探究し、世界の深さや広さを知るでしょう。自分が周りに及ぼす影響力に限りがあることや、自分の経験を表現することの自由を知るでしょう。やがては自己の体験をよく考え、それらの体験が彼女にとってより意味を持つようになるでしょう。光がチカチカする画面や、携帯の着信音やブザー、あふれかえる情報が幅をきかせた生活においては根本的な驚きどころか、古くからあるごくありふれた驚きすら感じることはできません。私たちは謙虚であることに加え、驚きによって体験することをしっかり味わうための時間と空間、そして遊ぶ力が必要なのです。

　成人期においても遊んだり遊び心を持ち続けることは、個性的な才能を発揮して満足な人生を送ることと関係があるようです。あるがままの自分に合った体験を見つけるため、そして遊びを通して生きる意味や目的を見つけるために。遊びは楽しさを伴う最初の体験であり、内発的動機への挑戦です。外的な報酬や生物学的欲求を満たすからではなく、遊びが持つ価値観によって活動するからです。意志は、心理学者ミハイ・チクセントミハイが世界に同調した満足感や活き活きとした感情として述べる「至適体験(optimal experience)」や「フロー(flow)」に到達するための中核的な要素です。[3] フローについて述べる中でチクセントミハイは、pleasure(喜び)と enjoyment(快楽)の違いを指摘しています。pleasure とは、自分の感覚的要求が満たされた時に得られる満足感と

均衡状態の感覚で活力を回復させることができますが、成長や変化を導くことはありません。それと異なり、enjoyment や至適体験（optimal experience）は努力により得られます。新しい技能の習得や新しい考えを探究することがその例です。至適体験（optimal experience）は enjoyment を含みますが、必ずしも pleasure を含むわけではありません。

　子どもにとってフローは、遊びの中にあふれ出る歓喜のようなものです。大人にとって至適体験（optimal experience）に導いてくれる活動は遊びというわけではありません。とはいえ、私たちが至適体験に到達するには、意志力に加えて相当の楽しさが大切ですが。つまり、没頭して活動に取り組み、しっかりと集中し、少々困難であってもやり遂げることで達成感を味わうといった活動が至適体験に結びつくのです。

　チミセントミハイは研究で、同じことの繰り返しで退屈な活動さえも至適体験に変えることができる人々がいることに気付き、職場で単純な作業を行う工場労働者について記述しています。ある労働者は仕事の速さの目標を設定したり、工場の全ての機械の操作方法を理解するといった自分自身に挑戦する方法を探し出していました。ある意味、彼は仕事で「遊んで」いたのです。そして仕事を楽しくしていたのは周りの環境ではなく、彼が持つ遊ぶ能力だったのです[4]。

　有意義な生活を送るためには、創造性の表現形式は重要ではありません。むしろ創造性を認め、それを表現することを大切にすることで有意義な生活を送ることが重要なのです。私たちは遊びの中では創造的でいられ、私が心理療法で子どもと向き合うたびに、ごっこ遊びはあるがままの自分を表現する素晴らしい方法であると気付かされます。

　話しを再びキャシディーに戻しましょう。彼女のことをノックス大学の心理学者、ティム・カッサーに話したことがあります。彼の本質的動機や唯物論についての研究は、私の遊びに関する考え方に示唆を与えてきました。キャシディーの話しをすると、彼は即座に彼女の喜びの比喩的側面に気が付きました。衣類は社会的要求や社会化の圧力を意味していると考えられます。自分で

衣類を脱ぐという彼女の行為から、私たちが社会的要求に悩まされ、社会的慣習から自由になりたいと願っていることがわかります。キャシディーの「服を着る」ことの意味はすっかり変わりました。もはや彼女は自分の意思で脱げるようになり、衣類やそれを着る行為は新しい意味を持つことでしょう。

　これからキャシディーは両親の助けを借りながら、いつどこで服を脱げるかということも含め、社会的な慣習を通して様々な制約のある社会で生きることの複雑さを学んでいくことでしょう。社会的慣習の意味を学んでいく過程で、彼女は何かをする（たとえば服を脱ぎ捨てること）能力を身につけたからといって、いつでもしたい時にそれができるわけではないことも理解していきます。しかし例え彼女が周囲の世界から何らかの制約を受けるとしても、自分の空想の世界では何の制約も受けずに自由に遊ぶことができるのです。この頃キャシディーが繰り返した遊びに、両親にたくさん注文をつけるという遊びがありました。社会化の要求が彼女の自由に影響を及ぼして自分の要望が社会的制約に屈したとしても、もし遊ぶことができるなら、彼女には偽りのないあるがままの創造的な自己を育み、維持し、守る機会が残されるのです。

　私は、社会化それ自体に反対しているのではありません。しかし、社会化の力があまりにも支配的だったり、権力集中や利欲といった利己的な目的である場合は問題だと感じます。私たちは助け合いの社会に生きているのですから、他者への配慮が必要なのです。他者を気遣い、自分が周りの恩恵を受けて生きていると感じるなら（私はそう考えています）、自己の要求や願望を周りに合わせて適切に調節すべきです。それと同時に誇大宣伝を見抜き、正しい知識と宣伝文句を見分けなくてはなりません。そのためにはまず、他者との関係における自己感覚を育まなければなりません。私たちは自分が何者であるか、何が大切なのかを知らなければならないのです。

　最近私が出席したある会議で、今日の子ども期の最大の脅威について発言するよう求められました。最も話題に上っていたのは気候変動でしたが、私は利欲について述べました。生まれた時から企業利益のための消費に重きを置くよう仕組まれた商業文化に子どもを慣れさせてしまうと、自分の欲しいものを手

に入れること以外は見て見ぬふりをする貪欲な消費者になってしまいます。利欲は地球温暖化を引き起こしている重大な要素なのです。会議が終わり、この本を執筆中だった私は、子どもの遊びの商業化と地球温暖化との関連について考え始めました。過剰包装やプラスチックの製造方法について、そしてバービーやブラッツ人形は、人形だけでなくその関連商品も買うべきだという意識を企業がいかにして子どもに植え付けているかということについても考えました。創造的な遊びをすると、子どもはより内的な資源を構築し、楽しさや喜びを外的な資源に頼らなくなります。もし私たちが想像力や発想性に磨きをかけるよう子どもに働きかければ、ときめきや好奇心のために新しいおもちゃを求める傾向は減るでしょう。そうすることで子どもに生まれながらに備わっている創造的な遊びをする力や彼らの技能、価値観を伸ばし、地球や自然資源をより良い状態に維持する取り組みを手助けをすることになるのです。

　反対に私たちが子どもを遊びから遠ざけてしまうことで、子どもが周りの世界と繋がっている自己を知る機会を奪ってしまいます。勝手放題の資本主義と、常に電子メディアに囲まれた文化的価値観の中で子どもを育てることの問題の一つに、売り上げを伸ばすために考えられた魅力的な宣伝広告を見て見ないふりをすることがとても難しくなっていることがあげられます。もし自分自身が何者なのかわからなければ（自分を理解していなければ）－つまり、まばゆいきらめきやうるさい騒音や心理的に働きかける宣伝広告に躍らされて自己の感覚を見失ってしまえば－私たちは自分が欲しい物と、他人から欲していると思い込まされている物との違いを判断できなくなってしまいます。例えそれが明らかに自分自身や人々を傷つけるものであっても疑問を持つことが無くなり、社会的な圧力に抗わなくなるでしょう。それはよい消費者かもしれませんが愚かな市民です。

　民主社会を保つことと遊びを育むことの関係、そして商業ベースの社会がこれらに及ぼす影響力は、2007 年にジョージ W. ブッシュ大統領が彼の州で演説し、ベビーアインシュタイン社の創始者ジュリー・アイグナー・クラークを称賛した時にかなり明確になりました。私は冷静に、大統領が優れた起業家とし

てアイグナー・クラークを取り上げたことが適切であったかどうか考えました。ベビーアインシュタイン社（同社は2001年に2000万ドル以上でディズニーに売却されました）とブッシュ政権は実際多くの共通点がありました。どちらも見事に作り上げられて大成功を収め、そして嘘をつき、自己のブランドを守るためにでっち上げをしていたのです。ブッシュ政権が人々の不安を煽った最も恐ろしい例はイラク戦争でした。根拠のない大量破壊兵器をでっち上げ、サダム・フセインとオサマ・ビン・ラディンとの間に存在しなかった関係を主張して私たちをそそのかしたのです。3章で述べたように、ディズニーは「ベビーアインシュタインのビデオは赤ちゃんの教育に良い」という根拠のない宣伝をしてそれを販売しました。ベビーアインシュタイン社のビデオを視聴した赤ちゃんの学習効果にはなんの実証もないのに。どちらも商売の道具として親の不安を利用し、また、受動的で素直に信じてくれるメディア視聴者に依存したのです。

　私は両者を同列に扱うことで、イラク戦争による被害やそこで進行している惨殺の悲劇を軽んじているわけではありません。確かに、ベビーアインシュタイン社のビデオを見て死んだ赤ちゃんはいません。赤ちゃん向けビデオは良く言えば面白そうですが、悪く言えばただの時間潰しにすぎません。しかし、「ビデオ視聴は赤ちゃんのためになる」という偽りを売り込むディズニーのようなメディア企業は、実は有害なのです。赤ちゃんの時にテレビの前で過ごす時間が長いほど、創造的な遊びをしなくなることを示唆する研究があります。[5]子どもは遊びの中でちょっとした自己投影や共感力を養うと同時に、批判的思考、自発性、好奇心、問題解決力、創造性などの力も身につけます。これらは成長する上で、また民主的社会を維持する上でなくてはならないものです。これに対して、企業利益と密接に結びついたメディアから子どもが学ぶ価値観は対照的です。そこからはよく考えずに行う特定のブランドの支持、衝動買い、ある物を所有しているかどうかで自己価値が左右されるという概念、消費はあらゆる苦しみから抜け出す解決策だとする信念などが得られるだけです。世界貿易センタービルが攻撃を受けた後、政府が私たちにショッピングに行くよう

呼びかけたことを忘れてはいけません。

　アメリカの親たちを欺くことで成功を収めた赤ちゃん向けメディア産業が将来に及ぼす影響の一つに、テレビ画面の前に座らされて遊びを奪われた赤ちゃんは、スクリーンに依存する大人になってしまうことが挙げられます。そのような大人は、自分に何が売りつけられているのか疑問を持とうともしないし疑問に思うことすらしません。イラク戦争に向けて準備を進めている間、ブッシュ政権の首席補佐官であるアンドルー・カード氏は、イラクへの侵入をなぜ9月まで引き延ばしたのかという問いに、「市場の売買の点から考えると、8月に新商品は出さないでしょう？」と答えました。商品を買うかのように戦争を受け入れるよう、生まれた時から教え込まれた素直な消費者を育てたいのでしょうか？　それとも民主的な市民を育てたいでしょうか？　もし後者ならば、私たちがしなければならないことは「子どもの遊ぶ権利を守る方法を見付けること」です。

　遊びについての私たちの概念を、個々の活動の範囲を超えて「生きるためになくてはならない手段」として考えると―生きるというのは生きる意味を見付け、自分が本当は何者かということを知り、世界の中における私たちの立場の可能性と限界を理解するということですが―ごっこ遊びを育むことは、道徳的、倫理的、社会政治学的な立場をとることになるでしょう。ごっこ遊びを反体制文化と考えるのは不思議な気がしますが、今日の社会ではそのようにとらえられているのです。今の主流文化は創造的遊びに大きな影響を及ぼしています。私たちは子どもの創造的遊びを守るために、家庭で、地域で、そして政治レベルで積極的な行動を取らなければならないのです。

chapter 12

サシャ、お豆さんが呼んでいますよ

遊びを奪おうとする文化の中で遊びを育むこと

　私の娘が2歳になる頃、素晴らしくも恐ろしいイヤイヤ期に突入し、本当は
やりたいことにさえイヤイヤを連発したのです。彼女の自我が発達するのを眺
めるのはうれしいものでしたし，彼女の判断力や意志の強さを喜んだものです
が、イヤイヤを繰り返すのがつらそうに見えることもありました。

　ある日、私が友人のゾーイ(私の娘より1歳年上の女の子の母親)に日々の奮
闘をこぼすと、「スーザン、私はパペットがとても役に立っているわよ」と彼
女はさらりと言いました。「まあ、パペット！　素晴らしいわ！　思いつかな
かった！」私が興奮して大声を出すと、彼女は不思議そうな表情を浮かべて冗
談まじりの怒った口調で「スーザン、私はそれをあなたから教わったのよ」と
言いました。

　我が子と一緒に遊ぶこと、子育ての大変な時に遊び心を持ち続けることは難
しいことかもしれませんが、純粋に楽しいことが子どもと遊ぶ充分な理由で
す。遊びは学習や問題解決を促し、共感を引き起こし、ソーシャルスキルを築
き、豊かで意味のある人生を送るための基礎を作るということはここではひと
まず置いておきましょう。ゾーイとの会話の後、何かに夢中になっている娘を
夕食に呼ぶ時は「サシャ，お豆さんが呼んでいますよ！」と声かけをし、それ
がとても役に立ちました。娘が靴下を履く時は左右どちらを先に履くか話し合
い、シャツの袖のどちらに先に腕を通すかというようなことについても一緒に
議論したりしました。ごっこ遊びは魔法の杖ではありませんが、独り立ちしよ
うとしている2歳の娘との生活は少し楽に、またより楽しいものになりまし

た。

　過剰なストレスを抱える親が子どもと遊ぶことが難しいのと同じくらい、子どもが自分たちだけで遊ぶこともこれまでになく困難となっています。遊びには多くの邪魔が入ります。周囲の大人たちがお金では買えない時間や空間、静けさなどを子どもに与えれば、ごっこ遊びは盛んに行われるようになります。子どもの創造的遊びの最大の障害となっているのは、巨大資本主義に根付いた社会構造です。利己主義である時、公共の公園や運動場がないがしろにされる時、公立学校の支援が削減される時、公衆衛生と商業的利権とがない混ぜになる時、子どもの福祉で企業が利益を上げることが慣例となって機械からの絶え間ない騒音に囲まれて自分自身の声を聞き取ることができない時、遊びは徐々に失われていきます。

　学校で体育や芸術の授業、休み時間が削られてしまったり、教育政策で子どもを積極的な発達段階にある学習者としてではなく客体として扱っていたり、経済的にゆとりのある親が子どもを進学クラスやスポーツクラブにめいっぱい通わせたりすることが、子どもから遊びを奪う原因となっているのです。経済的な余裕や時間のない親は、放課後何時間も電子メディアを相手に子どもを一人で留守番させるしかありません。危険な戸外に遊びに行かせるより安全そうに思えますが、これもまた子どもから遊びを奪う原因です。

　国政レベルで子どもに有意義な教育を与え、空き地を保護し、子どもを企業市場から守る政策に取り組む必要があります。家族のための時間、柔軟な労働形態、同一賃金、有給休暇は、ストレスに疲れた親たちを安心させることでしょう。そしてこれは保育にもあてはまります。もし託児所や学童保育の現場に創造的な遊びができるよう十分な予算を割り当てて専門のスタッフが配置されていたら、子どもたちはごっこ遊びをすることができるのです。

　私たちは子どもが自然に親しむ機会を見つけてあげなければなりません。そのために自然に触れあうための十分な自然環境を用意する必要があります。自然界に飛び込むと創造性が触発されます。ハリーポッターシリーズの著者であるJ.K. ローリングさんは，彼女自身の想像力はイギリスのディーンの森の近

くの自然豊かな所で子ども時代を過ごしたことによると考えています。彼女の意見は研究によっても裏付けられ、創造的な遊びというのは用意された運動場よりも、自然の緑豊かな場所で育まれることがわかったのです。子どもを知識の受け取り手として扱わず、教育政策が積極的な探究に対する内発的動機を育むならば、当然創造的遊びが広がるでしょう。私は知識に重きを置いた現在の教育のあり方に反対しているのではありません。九九を学ぶことは意味があると理解しています。九九を覚えるとスムーズに計算できますから。しかし同時に、遊びは積極的な学習（active learning）の中心的要素であると考えています。

　私たちは地域社会への間違った商業活動を止めなければなりません。市民が公共団体の義務や恩恵に基づいた社会を築く政治的な意欲を失えば、企業は喜んでそこにつけこんでくるでしょう。公共団体は費用がかさみます。マクドナルドの遊び場は公園とは違います。スポーツ支援と称して学校へ進出しているドナルド・マクドナルドは、体育の授業や休み時間の代わりにはならないのです。学校は生徒たちが体育の授業で最新の任天堂 Wii のゲームやダンスダンスレボリューションを楽しんでいたようだと報告しています。しかし生徒たちに外で遊ぶ機会や十分なサポートがあれば、ゲームで楽しむのと同様に自分の足で走り回って楽しむでしょう。そして“テレビは生活に不可欠である”という子どもをダメするメッセージから解放されるのです。

　テレビといえば、ディミトリ・クリスタキスとフレッド・ジンネマンが名付けた「リビングの象」を思い出します。子どもを遊びへ向かわせるためにメディアや商業文化への依存を食い止めなくてはなりません。シンガーソングライターであり音楽プロデューサーでもあるラフィは、子どもたちを「テレビ離れ（de-screen）」させなければならないと言っています。子どもが「テレビ漬け（screened）になる」のをできるだけ遅らせるように最善を尽くす必要があることも付け加えておきます。そして私がこれを書いている時、再びオードリーの声が聞こえてきました。

オードリー：	「テレビ離れ」なんて、昔から言われている古くさい考えね。
私：	でも新しい考えでもあるのよ。
オードリー：	テレビを見ないなんて変わり者よ。
私：	ええ，でも革新的といえるかしら。
オードリー：	面白くもないありふれた考えよ。
私：	でも熱心に取り組むべきね。
オードリー(怒って)：	あなたはテレビの前に 15 分いることで、幼年期がダメになるって言っているの？
私：	そうではないわ。子どもにいつからどのような形で、どのくらいの時間映像メディアを見せるかについて、慎重に考えなくてはいけないと言っているの。
オードリー：	つまりただのテレビ嫌いじゃなくて、テレビを見ることに罪悪感を感じるということね。

　私は親に罪悪感を感じさせたくありません。たとえ困難な道のりに見えても、社会の変革のために私たちが動かなくてはならないと考えているからです。現代の親には多くの困難があります。子育てを支援する政策が支持されない社会ではなおさらです。しかしその間、1980 年代から鍵っ子に関する関心が広まり、放課後の時間帯のテレビ番組のスポンサー企業がこれに目をつけました。それらの企業は私たちに、"鍵っ子たちにとってテレビ(スクリーンメディア)は不可欠なもの"という概念を植え付けたのです。厄介なことにそれは成功を収めました。私が会った親たちの中にも、テレビに頼らず子育てすることは難しいと感じている人がいました。「子どもにテレビを見せてはいけないなら、いつシャワーを浴びればいいの？」「どうやって車で出かければいいの？」「夕食の準備はどうしたらいいの？」などが共通した苦情でした。退屈しのぎや静かにさせるために一度子どもをテレビに依存させてしまえば、家族もそれに頼ってしまうのです。子どもが日常生活の中でテレビ(スクリーンメディア)に触れることを遅らせるほど技能や個性を伸ばす機会が得られ、その結果テレビに依存せず創造的な遊びをするようになります。

　日常的にテレビを見る赤ちゃんの数や，テレビは赤ちゃんのためになると信じている親の割合を示し、メディアや市場産業は親に「テレビは子育てになく

てはならないもの」と信じこませるでしょう。自分たちに都合のいい仕事をしているのは明らかです。私たちが企業の広告内容を監視するのはそのためです。

　2006年春、「コマーシャルのない子ども時代のためのキャンペーン」は、ベビーアインシュタイン社、ブレイニーベビー社、ベビーファースト TV 社の3つの赤ちゃん向けメディア企業に対し、誤った宣伝を行ったとする苦情を連邦取引委員会(FTC)へ申し立てました[6]。私たちは「商品は教育的である」というメディア企業の主張に対して、その真実性を立証する文書を義務づけるべきだと考えています。これを書いている時点では私たちの苦情はいまだ審査中です。FTC がどのような判断をするかわかりませんが、苦情が申し立てられてからベビーアインシュタイン社はウェブサイトに変更を加え、私たちが言及した主張の何点かについて修正しました。FTC がこのようなビデオ教材に対して、実際に赤ちゃんがそれを見ることで学習することを証明する調査書が企業から提示されなければ「教育的」という宣伝文句をつけてこれらのビデオを販売することを差し止める施策を取ってくれることを望んでいます[7]。

　子どもをターゲットにした企業市場に対して社会的制約が必要であることを私は他でも記述してきました。これから親になる人たちに、いかにして偽りのない情報を提供するかを模索しなければなりません。それは映像メディア(テレビ)についての長所と短所、創造的遊びの価値について、ストレスに満ちた生活の中でいかにごっこ遊びを展開するかなど多岐にわたります。

オードリー：　ニコロデオンが遊びなさいって言っているわ。
　　　私：　テレビ局の？
オードリー(にやにやしながら)：　そうよ。
　　　私：　本当に？
オードリー：　そうなの。それにクリントン大統領と心臓協会はニックを応援しているのよ。毎日レッツジャストプレイのウェブサイトを開くと、遊びや健康についての色々な情報をくれるの。とっても良いと思うわ。(少し間を置いて)ニックは私のこと気にしてくれるのよ。

　　　　私：　あなたは良い情報だと思っているの？

オードリー：　まぁね。ウェブサイトを開く時はいつも他のサイトものぞいちゃう
　　　　　　　の。私が大好きなニックのキャラクター、たとえばスポンジボブや
　　　　　　　ドーラやジミー・ニュートロンとかの最新情報を見たいの。そして
　　　　　　　どうすると思う？　キャラクターをクリックすると彼らのゲームが
　　　　　　　できるの。しかも無料で！　すごいでしょう。おもちゃで遊んでる
　　　　　　　時間なんて無いわ。(話題を変えて)そうそう、思い出した。今度、バ
　　　　　　　ケーションに出かけない？

私(意味がわからずに)：　えぇ？

オードリー：　ホリデーインに泊まらない？　あそこにはニコロデオンのスイート
　　　　　　　ルームがあるの！　これもレッツジャストプレイで知ったのよ。[8]

　オンラインゲームができたりブランドのバケーション広告を見ることができ
る企業のウェブサイトは、遊びに関する様々な情報を得られますが、このよう
なサイトは知らず知らずのうちに遊びを弱体化させ、子どもを遊びから遠ざ
けているのです。ニコロデオンのようなメディア企業が子どもをテレビ画面に
釘付けにしようと巨大資金を投じる中で、いったいどのように子どもを遊びに
向けさせればいいのでしょうか？　企業は株主の利益を何よりも優先するよ
う法律で定められているので、ニコロデオンや他のメディア企業が心から子ど
もの遊びを応援するわけがないのです。なぜなら子どもたちが遊びに夢中にな
ると企業利益を損なうからです。

　ニコロデオンのレッツジャストプレイのようなキャンペーンは、アメリカ心
臓協会のような公衆衛生協会、ビル・クリントンのような有名人、教育諮問委
員会、キャンペーンを推薦することでなにがしかの報酬を得ているヘルスケア
の専門家などと連携していることで、さらに区別が難しくなっています。私は
2章と3章で、親や子どもから遊びを遠ざけようとしている企業のやり方につ
いて述べましたが、公衆衛生や教育の団体もそういった働きかけの影響を受け
やすいのです。資金不足の非営利団体が行うコンサルティングや調査のための
資金調達、広範囲に公共的な事業を行う場合に操作性や矛盾を生み出しやす
く、教育者や公衆衛生の現場に立つ人たちはこれを問題視してきました。社会

問題の原因を生みだし、その問題から利益を得ている企業から問題の調査や解決のための資金を受け取るのは矛盾しています。

　私の公衆衛生関係の同僚の中には、アメリカ企業がコントロールしている「遊び」に制限を設けるのは無駄だとか、ニコロデオンのレッツジャストプレイのような番組があるだけまだ良いと言う人もいますが、私はそれには同意できません。遊びのための公的支援が削減されたことによって生じた亀裂を利用して、ニコロデオンの番組は「自社ブランドを売り込むのに公的資金と企業資金のどちらを使おうが違いは無い」と私たちに暗示をかけているのです。たとえば、たばこ産業の禁煙キャンペーンの調査からもこのような企業努力は効果がないことがわかっています[9]。

　遊びの企業支配を容認する議論－「長いものには巻かれろ」という類の話－は、赤ちゃんがテレビ画面に頼らなくても成長し発達することを親たちに啓蒙する際によく出てきます。テレビ視聴が赤ちゃんにとって有益であることを示す調査がない一方、テレビ視聴は有害なのではないかとする調査が少しずつ増えています。米国小児科学会は2歳以下の子どもにはテレビを見せないよう勧告しました。この勧告は比較的わかりやすく、親たちは子どもが2、3歳になるまではテレビを見せない方が良いことに納得しました。赤ちゃんはテレビを見たいとせがみません。幼児は仲間と同調するような圧力を受けません。2才になるまではそれ以降の年齢と比べると親が子どもの活動を監督しやすい時期です。少なくとも生まれてからの数年間テレビを視聴させないことで、子どもは技能や個性を磨く機会が得られ、そのことが創造的遊びを促し、商業広告や企業が売り込む商品に惑わされない大人に成長させるのです。良い習慣を教え込むことは不健康な習慣を直すより容易ですから。生後3か月児の40％がテレビを見せられています[10]。子どもが長時間テレビの前で過ごし、遊ぶ時間が不十分であることが周知の事実であるのにかかわらず、公衆衛生委員会はこの問題に対して一致した見解を示していません。

　米国小児科学会の勧告を表立って支持していない同僚からしばしば耳にするのは、「子どもがテレビ漬けになるのが良いことだとは思っていないし、赤

ちゃんにテレビを見せたほうが良いとも思わない。でも親たちは赤ちゃんにビデオを見せることに熱心で、その弊害について耳を傾けようともしない」ということです。また次のように言う人もいます。「メディア企業や市場は権力も資金もある。親たちは私たちの苦言に耳を傾けないばかりかリスクもある。私たちの意見は企業側の報道でもみ消されてしまうでしょう」しまいには、「もし親たちが子育てをメディアに依存しているのなら、赤ちゃんの年齢に合うビデオを作ったら良いではないか。そういうビデオを見た方が、たとえば「ロスト」や「ソプラノズ」(アメリカのテレビドラマ)の再放送を見るより赤ちゃんのためになりますからね」という人までいます。

　私は「ロスト」も「ソプラノズ」も好きですが、確かにどちらも子どもにおすすめの番組とは思えません。現代の過労でストレスにさらされて支援も受けられない、自身も電子メディアに依存している親たちが、「テレビ視聴は赤ちゃんのために良くない」という意見を聞きたくないのもわかります。しかし親たちは正しい情報を求めていると信じていますし、公衆衛生委員会は今ある調査結果や何が子どものために最善かという点に基づいて誠実に対処してくれると信じています。

　公衆衛生委員会が、米国小児科学会の勧告のように子どもに不利な影響を及ぼす企業に対して強い立場を取れないのには次のような理由があります。十分な公的資金がない中で、企業は健康や教育に関する調査資金を提供してくれる上に別のプロジェクトもサポートし、非営利団体が取り組んでいることの宣伝もしてくれるのです。これは企業が対立意見の口を封じるのに大変有効な方法です。コカ・コーラが米国小児歯科学会(AAPD)に100万ドルの寄付をした直後から、AAPDの理事役員であるジョン・ルトカウスカス氏は、ソフトドリンクと虫歯との関係は「定かではない」と発言しました[11]。それまで逆の主張をしていたにもかかわらず…。このことから、利害関係のある企業から調査のための援助資金を受けるとその調査結果は歪められることが明らかになりました[12]。企業と公衆衛生委員会の線引きがあいまいになれば、「子どもの生活におけるメディアの役割」という難しい問題を考える際、判断の助けとなる情報をどこ

から得たらよいのかわからなくなってしまいます。

　赤ちゃん向けビデオに関する論争で、このような利害問題がいかに生じるのかを示す良い例があります。セサミワークショップ(セサミストリートの制作会社)が赤ちゃん向けのメディア事業に参入した際、セサミビギニングスという6か月くらいの赤ちゃん向けビデオシリーズの製作に、有名な子どもの公衆衛生擁護団体であるゼロトゥスリーと手を組むことにしました。ゼロトゥスリーはこれらのビデオ製作で利害関係に陥ってしまったため、子どもとメディアの問題について親へ客観的な情報を提供するという信用を失いました。また、セサミワークショップが信用ある学術研究者にこのシリーズについて意見を求め、その効果を調査するための資金提供を申し出たことにも問題があります。プロジェクトについて協議することとその総合的な調査の実施には、本質的に利益相反があります。

　私たちには遊び全般、とりわけ赤ちゃん向けメディアに関する公衆衛生調査のための公的資金が必要です。そして市民運動団体を強化し、研究者とセサミワークショップが手を組んでビデオの有効性を捏造することを防がなくてはなりません。

　子どもを遊ばせるためには、すでに根付いている習慣を変えるための協力と努力が必要でしょう。シートベルトの着用や喫煙に関して人々が行動を変えてきたように、遊びの大切さを説いていく必要があるのです。遊びが失われるのは公衆衛生の問題だとすると、企業の協力に縛られない大規模な公衆衛生キャンペーンが必要であり、遊びの重要性について明確ではっきりしたメッセージを発信する必要があるのは明らかです。このキャンペーンには政策立案者、教育、保健の専門家たち、保育関係者、親(特にこれから親になる人たち)がいなくてはなりません。小児科や病院、保育所、学校だけでなく、母親父親教室や産科クリニックでもテレビを見せる代わりに遊びを促すことが必要になります。

　今日、喜ばしいことに遊びへの関心が再び高まり、社会的政治的な問題として扱われるべきだとする意識の高まりが見られます。2007年8月、マテル社

と他のおもちゃ会社は、鉛を含むおもちゃのリコールを実施しました。ニューヨークタイムズは、"親にできることは商業的なおもちゃを子どもに買い与えるのをやめることだ"とする社説を掲載しました。

　なんとかして幼い子どもが消費主義者になることを避けられないものでしょうか？　また鋭敏なブランド認知能力を身につけるのを遅らせることはできないものでしょうか？

　子どもはおしゃべりダンプやマリブビーチハウスのバービー人形が欲しいのではないかもしれません。木のスプーンで鍋をたたかせましょう。紙とクレヨンを与えましょう。「ドーラと一緒に大冒険」でも「スポンジボブ」でもない、子ども自身が作ったストーリーで遊ばせましょう⁽¹⁴⁾。

　Alliance for Childhood や American Association for the Child's Right to Play (AACRP)などの市民運動団体は、子どもの遊びを取り戻す活動をしています。Alliance は教室に遊びを取り戻す活動の先頭に立ち、AACRP は休み時間を取り戻す活動をしています。どちらも，Parks and Recreation(DPR)と協力して地域や学校に遊びを復活させる活動をしているのです。自然の中で遊んだり探索したりすることをベースにした伝統的なサマーキャンプが復活しているのは喜ばしいことです⁽¹⁵⁾。

　私も「No Child Left Inside」という新しい運動から活力をもらっています。この運動は、子どもが緑のある野外で過ごす時間を作ることを学校や地域社会に働きかけるものです。私たちが介入しなければ子どもは自然と関わらずに成長し、社会的、情緒的、認知的発達が妨げられると考えるからです⁽¹⁶⁾。

　社会変革を促す見地からすると、彼らが共同して創造的遊びができるような野外遊び場を作り出そうと活動していることを頼もしく感じます。両者は企業のマーケティング担当者が子どもに近づくことを妨げるよう働きかけるでしょう。これらの３つの運動(Alliance や AACRP、No Child Left Inside 、環境主義者や遊び支援者の野外遊び場作り)の目的は同じです。子どもが創造的に遊べるようになれば、環境に害を与えるようなおもちゃに振り回されなくなり、おもちゃを手に入れることに大きな価値を置くこともなくなるでしょう。子どもが

市場の誘惑から守られれば創造的に遊ぶようになるでしょう。子どもが環境の大切さを学べば、購買欲をそそるように宣伝された商品が自然環境に与える影響に気付き、創造的な遊びができる自然の中で過ごすようになるでしょう。これらの運動には相互交流が生まれる兆しがあります。

　最近、「商業主義のない子ども期のためのキャンペーン（Campaign for a Commercial－Free Childhood）」が国の環境会議への参加を初めて呼びかけられ、その数日後には別の環境会議に2度目の招待を受けました。2006年にCCFCは、世界でも有数の年金基金であるTIAA-CREFの評価からコカ・コーラを除外しようと、環境や労働者の団体とタッグを組みました。コカ・コーラの企業方針が子どもへのマーケティングや労働面，環境面について社会的責任を果たしていなかったからです。コカ・コーラが子どもを対象にする戦略のひとつは、自社ブランドのおもちゃを使わせることでした。

　私が父母や教師の集まりで講演をすると親たちは、「でも社会変革には時間がかかります」と嘆きます。「今我が子に何をしてあげるべきなのでしょう？私たちは電気を使わずに森で暮らしたいと考えているわけではありません。子どもの想像力や創造性は大切にしていますが、街に住んで子どもを公立学校へ通わせたいと思っているし、消費文化を完全に捨てるつもりもないのです。私のような親はどうしたらよいのでしょう？」

　テレビを処分して子どもを教育している家庭のような主流文化の外で子育てをしている親たちにとっては、子どもを遊ばせることは難しくないでしょう。また、消費主義を避けて創造性や批判的思考を促すような私立学校へ子どもを通わせ、そのような価値観を容認する地域に住んでいれば、やはり遊びは奨励されるでしょう。そのような状況に置かれていれば多くの反対意見に悩まされることはないからです。しかしこれは多くの人にとって経済的に難しく、魅力的ではありません。時にドロップアウトすることは魅力的に見えますが、極端な形の子育ては私が子どもを育てたやり方ではなく、それを人に勧めるには偽善的でしょう。その代わり私と夫は、自分たちの生活と主流文化に属することの間に一定の距離や制約を置くことにしました。私が子育てしていた頃は、現

在よりも容易にそれを実行することができました。私の義理の息子は今 32 歳、娘は 20 歳ですが、彼らが小さかった頃と比べ、今はかなり遊びが脅かされています。私は進歩的な価値観を持った人が多い都市に住んでいたので、遊びを基本とした幼稚園を見つけることが容易で、公立学校での遊びは今より充実していました。私たちはサマーキャンプにも子どもを参加させ、子育ての価値観を確かなものにしました。またそのような経験を通して夫と私は社会的政治的信条を共有できました。

しかし様々なサポートがあり、今ほど苦労がなかった時代でさえ、遊びを守るための意識的な努力はしなければなりませんでした。私たちはテレビを持っていました（今も持っています）が家のテレビは 1 台とし、視聴時間を制限しました。家族の方針としてテレビで宣伝していたおもちゃは買いませんでしたが、お誕生日やクリスマスにプレゼントとしていただいた場合は例外としました（中には破棄する親もいるようですが…）。子どもたちに私たちの考え方を示し、私たちができる限りのことをしたのです。

生活の中に創造的な遊びを取り入れる方法はいくらでもあります。たとえば、もし子どもを遊ばせたいなら、子どもが小さいうちは与えるおもちゃをよく吟味して子ども自身に選ばせるようにします。以下のことを覚えておいて下さい。

▶ 私たちは子どもにおもちゃを多く買う傾向があります。
▶ 商業メディアやメディアプログラムに関連したおもちゃは子どもの創造的な遊びを育むどころか阻みます。
▶ 創造的な遊びを育むおもちゃを選ぶ場合は機能が少ないほど良いでしょう。自動で動いたりしゃべったりするおもちゃには創造的価値がありません。そのようなおもちゃは子どもが自分で動かしたりしゃべらせたりする機会を奪ってしまうからです。
▶ 様々な方法で遊べるおもちゃは創造的な遊びを育みます。そのようなおもちゃは枠にはまらない遊びを促しますが、反面、ビルなど一

つのものしか作れないブロックのセットは、ブロック遊びの創造的な
価値を損ないます。

▶　赤ちゃんが本当に何を必要としているか考えるなら、電気仕掛け
のおもちゃやキャラクターを模したおもちゃを買う必要はありませ
ん。赤ちゃんはこのようなおもちゃを求めていません。赤ちゃんに
とって世界の全てがおもちゃなのです。赤ちゃんは人気があるか否か
に関係なく、どんな熊のぬいぐるみでも好きになり、へんちくりんな
ものとも仲良しになります。さらに、動物はキャンディの包み紙やシ
リアルの箱にプリントされているようなものではありません。動物は
赤ちゃんに商品を売り込むためのものではないのです。

▶　もしあなたと赤ちゃんしか家にいなかったら、シャワーを浴びる
ことすら大変なので赤ちゃんにビデオを見せてしまうでしょう。しか
し、もし遊ばせたいしシャワーも浴びたいのであれば、安全を確保し
た上で赤ちゃんの手が届くところに何か面白い物を用意し、それから
手早くシャワーを浴びると良いのです。一人きりにされるちょっとの
間に子どもが機嫌を損ねたとしても、自分で気持ちのなだめ方を学ぶ
良い練習になります。自分で自分を楽しませたりなだめたりすること
が子どもの創造性の出発点となり、一人遊びを楽しむ力を発達させる
のです。

▶　夕食の支度の時間も親が赤ちゃんや幼児にテレビを見せてしまう
時間帯です。テレビに頼る代わりに、動かしたり遊んだりしても安全
なキッチン用品を入れた引き出しを台所においてはいかがでしょう
か。引き出しの中身を時々変えると目新しさが生まれ、あなたが調理
している間、子どもの興味を持続させることができます。食事の支度
に集中しなければならない時は、ベビースイングやハイチェア、ベ
ビーサークルに子どもを座らせておけば安全です。子どもが夢中にな
るおもちゃを与えたり、音楽を聴かせたり、歌を歌ったり、話しかけ
てあげてみて下さい。少しの石けん水とプラスチックのカップをいく

つか与えてあげると、幼い子どもは実に長い時間遊びます。

　子どもに遊んで欲しいと願うなら、テレビや商業文化に制限を設ける必要がありますが、子どもが成長するにつれてそれはだんだん難しくなります。子どもが制限を設けられることに慣れていなければなおさらです。子どもが成長するとおもちゃの選び方や遊び方はより複雑になるからです。消費社会から実際に距離を置かない限り、資金が豊かなメディアや市場の魅力的な誘惑は子どもや子どもの遊びに影響を及ぼすでしょう。小学校に入学して子どもの基本的な価値判断が親から遠のくと、友達の好みや基準に影響されるようになります。親は子どもの友達選びについて口を挟みにくくなり、子どもは放課後に自分の家庭とは異なる価値観を持つ家の友達と遊ぶようになります。もしかすると友達は自分よりも長い時間テレビを見たり、ジャンクフードを食べたり、メディア関連のおもちゃを持っていたり、ビデオゲームをしたり、コンピューターに向き合っているかもしれません。

　その先どうなるかはあなた次第です。あなたの価値観や子どもの気質、関心、弱さ、好みなどに依るのです。友達の影響をあまり受けない子もいれば大人を喜ばせることに興味を示す子もいます。物欲のない子もいればそれが強い子もいます。肝に銘じておくべきことは、幼少期にテレビの前で過ごす時間が長いほど、また商業的なおもちゃで遊ぶ時間が長いほど、自ら遊ぶ機会や遊びから得る恩恵を失い、遊びを生み出す能力も乏しくなるのです。遊びのための時間と空間をテレビから切り離さない限り、遊ばせることはできないでしょう。ごっこ遊びのような創造的な遊びをせずにテレビを見ることこそ、現代っ子の怠慢な時間の過ごし方なのです。

　私たちはごっこ遊びを育むような社会を作り出すべく動かなくてはなりません。それまでの間、私たちが子どもに与える遊びの機会は，彼らにとって「贈り物」なのです。もしあなたが子どもとの遊び方を模索しているなら、次のようなアイデアを取り入れると良いでしょう。

▶ 子どもの生活にフリーな時間(習い事やスポーツクラブ、テレビを見ない時間)を作りましょう。そうすることで子どもは自ら創造的な遊びを作り出す機会を得ます。

▶ 子どもたちだけで遊ぶ機会を与えましょう。もし子どもがある程度判断力のある年齢で家の周りが安全ならば外で遊ぶように促し、大人が口出しせずに自分で遊びを考え出す機会を与えましょう。目配りが必要な小さな子どもなら、大きなダンボール箱や二つの椅子にシーツを張ってテントを作ってあげれば楽しいワクワクした気持ちになるでしょう。

▶ 子どもにテレビを見せるなら時間に制限を設け、一週間のうち一日でもテレビを見ない日を作りましょう。そしてその時間をボードゲームをしたり、声を出して本を読んだり、おふざけをしたり、外に出かけたり、料理をしたり、工作をしたり、自然に親しんだり、何か楽しめることに使いましょう。そうすることで遊びや創造性を育みます。

▶ 子どもの生活における商業目的の活動と創造的な遊びとのバランスをとりましょう。テレビ番組やパソコンゲーム、ウェブサイトは楽しませてくれますが、創造的遊びは生まないと心に留めておきましょう。

▶ 自由に使える画材と創造性を阻む組み立て式の工作セットとの違いを認識しましょう。後者は創造性を損ないます。私が子どもの頃、母は創造的な表現を潰してしまうからという理由で塗り絵を嫌っていました。塗り絵をしたからといって私の創造性が育まれなかったわけではありませんが。実際私は塗り絵が好きでしたが、線からはみ出さないように正確に塗らなければならないため、友達と、あるいは自分ひとりでごっこ遊びをする時のような創造の世界に浸る豊かな楽しい体験ではありませんでした。

▶ 幼児期から自由に遊べるようなおもちゃを与えましょう。子ども

の関心や好みを尊重しましょう。建築や機械、演劇で使う映写装置を好む子もいるでしょう。積み木は子どもの視覚空間認知、バランス、基礎的な数の概念を発達させ、より深いレベルで忍耐力、レジリエンス（耐性）、好奇心、粘り強さを含めた問題解決力を育てます。長い間幼児教育の分野では、おもちゃのお医者さんセットや消防士の帽子、その他変装のための小道具などは子どもが大人の世界を探検するのを手助けする道具と考えられてきました。私は時々、子どもはパズルのピースをはめるという行為から最も大切な教訓を得ているのではないかと考えます。パズルのピースはある向きではまらなければ別の向きで試します。もしそのピースがどの向きでもはまらなければ別のピースで試します。これはあらゆる問題解決に通じる素晴らしい例です。

▶ もしあなたが小学校や保育園を探しているなら、子ども向けの映画やビデオ視聴には頼らずに遊びを基礎としたカリキュラムを組んでいるところを選ぶと良いでしょう。

▶ もしあなたが映画好きで，子どもと一緒に観たいけれど営利目的の商業活動に巻き込まれたくないならば、一緒に楽しめる昔の映画を見ましょう。映画を見る前にその原作本を子どもに読んであげると良いでしょう。小説が映画化されることに反対しているわけではありませんが、私は子どもが最初に出版物に触れることは、ハリウッドが映像化して表現する前にお気に入りの登場人物について自分なりのイメージを創り上げる機会が持てると確信しています。

　小さな子どもがいると、車での旅行や電車での移動、レストランやクリニックで待つことは親にとって気が重いものです。メディア企業が車の後部座席にとりつけるポータブルディスプレイに市場を見いだしたのはそういった理由からです。しかし、退屈をしのいだり機嫌を損ねないように移動するための時間をテレビ任せにしなければ、そういった時間もまた遊びの場になります。

　2005 年、携帯電話業界は子ども向けのメディア番組を携帯電話でも見られ

るようになると発表しました。この時ベライゾン社(アメリカ大手の携帯電話事業者)の広報担当者は次のように言いました。「子どもを持つ親にとって『ビデオがダウンロードされた携帯電話』は絶好のストレス解消道具になります。歯医者の待合室やスーパーの順番待ちの列でも役に立つでしょう[17]」また，ABIテクノロジーの市場調査員のケン・ヘイヤーはニューヨークタイムズ紙に次のように書きました。「今までそのような場所でできる遊びはアイスパイ(物当てクイズの一種)しかなかったので，これは大変便利な道具です[18]」

　待ち時間はイライラしますが、子どもが退屈をやり過ごす内面的能力を伸ばす良い機会でもあります。ヘイヤー氏が批判的に述べたアイスパイというのは、子どもが色、形、大きさを手がかりに周囲の物を見付け出す遊びで、幼い子どもが周囲の環境に関わる習慣を身につけるのに役立ちます。アイスパイは長い時間楽しめる遊びですが、子どもが周囲と関わりながら退屈をしのぐ遊びは他にもあります。私の娘が文字を読めるようになった時、街で退屈な時間を過ごす時はいつも目の前の看板にどのくらい知っている単語を見つけることができるか(たとえば「エンターテイメント」「禁煙」「抗ヒスタミン剤」など)というゲームをしました。娘が小さい時は一緒に探し、大きくなってからは競争して探しました。

　ハングマン(相手の考えた単語のつづりを当てるゲーム)やジョット(紙と鉛筆を使ったゲーム)はレストランの紙ナプキンで遊ぶことができますし、言葉遊びが苦手なら、4歳児でもお絵かきゲームはできます。我が家でお気に入りのゲームは、誰かが紙に顔を描いて折りたたみ、次の人が上半身を描いてまた折りたたみ、さらにその次の人が下半身を描いて最後の人が脚を描くというもので、紙ナプキンでも遊べました。数字ゲームも絶好の退屈しのぎになります。私が母から教わり娘とどこかへ行く時によく遊んだゲームは、私たちが立っている場所とその区画の境界線の間にある歩道広場の数を言い当てるというものでした。

　車で旅行する時や公共交通機関を利用する時、毎年の健康診断に行く時に子どもにポータブルスクリーンを見せておけば待ち時間は確かに楽になるでしょ

う。しかしそのような便利さの代償は高くつきます。一日中画面を見てばかりいるとそれにだんだん依存するようになり、子どもが自分の周りの世界に気がついたり関与したりしなくなります。

　多くのおもちゃやメディアが創造的遊びを邪魔するなら、子どもが聞く物語や見る絵に想像をふくらませることができるように応援してあげましょう。物語や絵の内容について正解のない質問をしてみましょう。

　最近、私は2歳の子に「3びきのくま」を読み聞かせ、森の中で女の子がくまの家を見つけた場面で「くまの家は何色かしら？」と質問したところ、女の子は少し黙り込みました。以前読んだ本にはくまの家の色については書かれていなかったと彼女の母親が説明し始めると、女の子は「赤！」と叫びました。あなたが読み聞かせする物語に子どもが参加するように誘いましょう。つまり視覚化したものを伝えたり、子どもの想像を助けたり、彼らが考え出したストーリーを加えることで原作とは違う物語ができます。

　あなたが最も楽しんでいる活動を子ども（特に幼い子ども）と一緒にやってみましょう。私の場合はもちろん、パペットやぬいぐるみなどを生きているように操り、幼い子どもにたくさんの喜びや驚きを与えることです。私の友人のゾーイが思い出させてくれたように、パペットやぬいぐるみ、人形やえんどう豆を通して語りかけるのは子どもに関わる素晴らしい方法です。これはしばしば子どもが嫌な課題を克服するのを助けたり、共有したくないと思うような立場を体験する素晴らしい方法でもあるのです。寝ることや食事をすること、ベビーシッターと過ごすことを渋る子どもになりきって親が話しをする時、子どもは親になりきって受け答えしていることに気付くでしょう。子どもは楽しそうにそれをしますが、実は自分がやりたくないことをこれらのぬいぐるみにやらせているのです。そして以前はやろうともしなかったことについて、良いやり方を考えたり素晴らしいお手本を得意げにやって見せたりします。

　私の娘は小学校に入学する頃になると、例のどちらの靴下が先に履かれるかという議論を喜ばなくなりました。彼女はすでに認知的、社会的、情緒的に成長し、服を着なかったり夕食を食べなったりするとどうなるか理解するように

なっていたからです。一方、自立にはあまり積極的ではなく、それから数年ほどかかりました。

　ごっこ遊びは子どもが日常生活の課題を言葉にして表現するための素晴らしい機会を与えてくれることを覚えておいて下さい。病院受診の予約、予防注射や学校の始業式などはいずれも親子でごっこ遊びをする題材になります。もし大人が子ども役になり、子どもが大人役になったら、子どもが日頃感じている不満から強い葛藤に至るまで彼らの世界の認識を共有できるでしょう。

　4歳のサラが母親役になって遊びたがったので彼女の母親は子ども役になり、彼女たちの間で度々問題となっていたテレビを見始めましたが、母親役のサラが「ダメ！」とかなり強い口調で言ったことに母親は驚きました。子ども役の母親は「あと1分だけ。お願い！」と懇願してもサラは断固として譲らず、「ダメよ。テレビはあなたのためにならないわ。私はもっと健康的なことをして欲しいのよ」と言ったというのです。子どもが大人役になって遊ぶ時、子どもの口から親が常々発している言葉を聞くことがよくあります。私が幼稚園で教えていた頃、ドレスアップコーナーと呼んでいたおもちゃの家で子どもたちが遊ぶのを見ていましたが、そこには木製のストーブや流し、テーブルなどの様々な台所用品、それにたくさんの着なくなったドレスがありました。ある時ひとりの子どもが友達に向かって「あなた、ジンになさる？　それともトニックになさる？」と話しかけているのを耳にしました。子どもが親を観察し、内面に取り入れたものがいかに遊びに現れるのかを認識してとても驚きました。

　後にサラの母親から次のようなメールが送られてきました。

　　　サラは最近、死に関心があるようです。彼女は「私たちが小さいうちはパパもママも死なないで欲しいの。だって他の誰かになつかなくちゃならないでしょ」と言ったのです。そこで私は「もしママもパパも死んだら、あなたたちの面倒を見てくれるのはきっとケイティ叔母さんでしょうね」と答えました。するとサラは、「ケイティ叔母さんが飛行機に乗ってここに来るまでの間、誰が私たちを世話してくれる

の？？？」と聞くので，私はケイティが来るまでに子どもたちの面倒
をみてくれる近所の友人の名前を全てリストにしたのです。ともあれ、
そういうやりとりがあってから彼女の大好きな遊びは、自分がパパと
ママを亡くした子どもで、新しいお母さんになったママに新しい家や
新しいおもちゃ、新しい妹のことを教えてあげるという内容になりま
した。

　私は長年子どもと遊んできましたが、いまだに遊びには驚きや素晴らしさが
あることを発見します。子どもは機会さえ与えられれば、自分が直面するさま
ざまな困難に取り組むための楽しく確かな手段として直感的にごっこ遊びをす
るのでしょう。

　昔の子どもは空いている時間を遊びに費やすことができましたが、今はそう
ではありません。ツノメドリやジャイアントパンダやアメリカシロヅルなどの
絶滅危惧種同様、遊びはもはや消滅の危機にさらされているのです。今日のア
メリカの子ども期の在り方を否定、古き良き時代－放課後に子どもが何時間も
外で遊んだり、ジャック・キルビー（アメリカの電子技術者）によってマイクロ
チップがまだ実用化されず、私たちの親や祖父母がニコロデオンをジューク
ボックスのようなものだと思っていた時代－に思いをはせ、懐かしむのは簡単
です。私たちは過去に戻ることはできませんが、子どものことを考えると現状
を受け入れることはできません。むしろ前に進み、未来の世代のためにごっこ
遊びを守るための努力をしなければならないのです。数百万人の子どもが遊び
を奪われたまま大人になると、人間を人間たらしめる喜びや創造性や批判的思
考、個性や意味を失った社会になってしまいます。さぁ子どもを遊ばせましょ
う。ごっこ遊びを守ることは私たち自身を守ることなのです。

参考文献

Introduction

1. Office of the United Nations High Commissioner for Human Rights, "Convention on the Rights of the Child: General Assembly Resolution 44/25," November 20, 1989, available at www.unhchr.ch/html/menu 3 /b/k 2 crc.htm (accessed July 11, 2007).

2. Tim Kasser does an excellent job of discussing materialism and happiness in his book *The High Price of Materialism* (Cambridge, MA: MIT Press, 2002). Also see Juliet Schor, "How Consumer Culture Undermines Children's Well-Being," in *Born to Buy: The Commercialized Child and the New Consumer Culture* (New York: Scribner, 2004), 141-76.

Chapter 1 : Defending Pretending

1. Throughout the book, unless otherwise noted, I have changed the names and identifying characteristics of the children whose play I am describing to protect their confidentiality.

2. See Sally Jenkinson, *The Genius of Play: Celebrating the Spirit of Childhood* (Gloucestershire, UK: Hawthorn Press, 2001); David Elkind, *The Power of Play: How Spontaneous, Imaginative Activities Lead to Happier, Healthier Children* (Cambridge: De Capo Press, 2007); and Vivian Gussin Paley, *A Child's Work: The Importance of Fantasy Play* (Chicago: University of Chicago Press, 2004).

3. My colleague Diane Levin coined the term "problem-solving deficit disorder" as a condition of a modern childhood where children don't get enough time for creative play. See Barbara Meltz, "There Are Benefits to Boredom," *Boston Globe*, January 22, 2004, H1.

4. See Lev S. Vygotsky, "Play and Its Role in the Mental Development of the Children," in Jerome S. Bruner, Alison Jolly, and Kathy Sylva, eds., *Play: Its Role in Development and Evolution* (New York: Basic Books, 1976), 536-52.

5. Kathleen Roskos and Susan B. Neuman, "Play as an Opportunity for Literacy," in Olivia N. Saracho and Bernard Spodek, eds., *Multiple Perspectives on Play in Early Childhood* (Albany, NY: SUNY Press, 1998), 100-116.

6. Personal communication from Sandra Hofferth, unpublished data from two Child Development Supplements to the Michigan Panel Study of Income Dynamics, a thirty-year longitudinal survey including information on children's time use, September 15, 2006.

Chapter 2 : Sold Out

1. Claire Hemphill, "In Kindergarten Playtime, A New Meaning for 'Play,' " *New York Times*, July 26, 2006, B8.

2. Donald F. Roberts, Uhla G. Foehr, Victoria Rideout, and Molly Ann Brodoie, *Kids and Media @ the New Millennium* (Menlo Park, CA: Henry J. Kaiser Family Foundation, 1999), 61.

3. An excellent discussion of television and children's imagination can be found in Dorothy G. Singer and Jerome L. Singer, *The House of Make-Believe: Play and the Developing Imagination* (Cambridge, MA: Harvard University Press, 1990), 177-98. The Singers refer to their earlier studies of *Mister Rogers' Neighbor hood*, which showed that the program had a positive influence on imagination.

4. See Susan Linn, *Consuming Kids: The Hostile Takeover of Childhood* (New York: The New Press, 2004), 147; and Stephen Davis, *Say Kids! What Time Is It? Notes from the Peanut Gallery* (Boston: Little, Brown, and Company, 1987), 90-97.

5. Chris Marlowe, "Verizon Adds Nick Content to Cell Phones," *Hollywood Reporter Online*, May 6, 2005.

6. Doreen Carvajal, "A Way to Calm a Fussy Baby: 'Sesame Street' by Cellphone," *New York Times*, April 18, 2005, C10.

7. Ibid.
8. Roberts, *Kids and Media @ the New Millennium*, 78.
9. Mike Shields, "Web-based Marketing to Kids on the Rise," *Media Week*, July 25, 2005, available at http://www.commercialfreechildhood.org/news/webbasedmarketingonrise.htm (accessed August 14, 2005).
10. Elizabeth S. Moore, *It's Child's Play: Advergaming and the Online Marketing of Food to Children* (Menlo Park, CA: Henry J. Kaiser Family Foundation, 2006), 4.
11. For a good review of the literature on television and make believe see Patty Valkenberg, "TV and the Child's Developing Imagination," in Dorothy G. Singer and Jerome L. Singer, eds., *Handbook of Children and the Media* (Thousand Oaks, CA: Sage Publications, 2001), 121-34.
12. Maya Götz, Dafna Lemish, Hyesung Moon, and Amy Aidman, *Media and the Make-Believe Worlds of Children: When Hany Potter Meets Pokémon in Disneyland* (Mahwah, NJ: Lawrence Erlbaum Associates, 2005).
13. See M.M. Vibbert and L.K. Meringoff, "Children's Production and Application of Story Imagery: A Cross-Medium Investigation," *Technical Report* no. 23 (Cambridge, MA: Project Zero Harvard University, 1981). See also Patti M. Valkenberg, "Television and the Child's Developing Imagination," in Singer and Singer, eds., *Handbook of Children and the Media*, 121-34.
14. Daniel R. Anderson, "Television Is Not an Oxymoron," *Annals of the American Academy of Political and Social Science* 557 (1998): 24-38.
15. D.C. Denison, "The Year of Playing Dangerously," *Boston Globe Magazine*, December 8, 1985, 14-16, 99-107, 110.
16. Patricia Marks Greenfield et al., "The Program-Length Commercial," in Gordon Berry and Joy Keiko Asamen, eds., *Children and Television: Images in a Changing Sociocultural World* (Newbury Park: Sage Publications, 1993), 53-72.
17. Jeanne McDowell, "Pitching to Kids: Nickelodeon Is Taking Its Brands Beyond TV——A Hotel, Cell Phones, Even Cars," *Time*, August 5, 2005, A22.
18. Victoria Rideout, Elizabeth Vandewater, and Ellen Wartella, *Electronic Media in the Lives of Infants, Toddlers and Preschoolers* (Menlo Park, CA: Henry J. Kaiser Family Foundation, 2003), 28.
19. Daniel Hade, "Storyselling: Are Publishers Changing the Way Children Read?" *Horn Book Magazine* 78 (2002): 509-17.
20. Dan Anderson quoted in Barbara F. Meltz, "Marketers See Babies Noses as Pathway to Profit," *Boston Globe*, May 19, 2005, H1.
21. For a good in-depth discussion of media, media-linked toys, and their impact on children's play, see Diane Levin's work, in particular, *Remote Control Childhood? Combating the Hazards of Media Culture* (Washington, DC: National Association for the Education of Young Children, 1998). Also, Barbara Meltz, "The Best Holiday Toys Are Open-ended Ones," *Boston Globe*, December 2, 2002, H1. Several of Meltzs columns in the *Boston Globe*, for which she interviews experts in child development, have addressed the impact of commercial culture on play. See, for example, "They Don't Need Bells & Whistles" November 30, 2000, H1, and "When You Give a Toy You Endorse Values," December 2, 2004, H3.
22. Michel Marriott, "Amanda Says 'You Don't Sound Like Mommy,' " *New York Times*, August 25, 2005, C9.
23. "Toy Industry Experiences 4 % Decline in Sales for the Year," *Los Angeles Times*, February 13, 2006, C6.
24. Anne D'Innocennzio, "Toy Makers Seek to Tout High-Grade Items," Associated Press, February 8, 2007 (accessed on Factiva, July 11, 2007).
25. Marriott, "Amanda Says 'You Don't Sound Like Mommy.' "
26. Edward Miller, "Dolls That Talk Too Much," *New York Times*, August 26, 2005, Letter to the Editor, A18.

27. Joan Almon, "Educating Children for a Healthy Life" (address delivered at the Sixth Annual Childhood and Society Symposium, Point Park University, Pittsburgh, Pennsylvania, June 9-10, 2006).

Chapter 3: Baby Scam

1. All three were quoted in the Campaign for a Commercial-Free Childhood press release "Stop Branding Babies: CCFC Urges Noted Public Health Organization to Get Out of the Baby Video Business," March 2006, available at http://commercialfreechildhood.org/pressreleases/sesamebeginnings.htm (accessed June 18, 2007).
2. American Academy of Pediatrics, "News Briefs," October 3, 2005, available at http://www.aap.org/advocacy/releases/oct05studies.htm (accessed July 11, 2007).
3. Victoria Rideout, *Parents, Children, and Media: A Report from the Kaiser Family Foundation* (Menlo Park, CA: Kaiser Family Foundation, 2007), 7.
4. Victoria Rideout and Elizabeth Hamel, *The Media Family: Electronic Media in the Lives of Infants, Toddlers, Preschoolers and Their Parents* (Menlo Park, CA: Kaiser Family Foundation, 2006), 26.
5. Frederick J. Zimmerman, Dimitri A. Christakis, and Andrew N. Meltzoff, "Television and TV Viewing in Children Younger than Three Years," *Archives of Pediatric and Adolescent Medicine* 161, no. 5 (2007): 473-79.
6. Ibid.
7. Rideout and Hamel, *The Media Family*.
8. Amazon.com Web site, "Toys & Games," http://www.amazon.com/Fisher-Price-C6324-Laugh-Learn-Learning/dp/B00022F 0 WE/ref=pd_bxgy_t_text_b/102-4042078-5407329 (accessed July 10, 2007).
9. Rideout and Hamel, *The Media Family*, p. 15.
10. Zimmerman et al., "Television and TV Viewing in Children Younger than Three Years."
11. See Daniel R. Anderson and Tiffany A. Pempek, "Television and Very Young Children," *American Behavioral Scientist* 48, no. 5 (2005): 505-22; see also Bernard G. Grela, Marina Krcmar, and Yi-Jiun Lin, "Can Television Help Toddlers Acquire New Words?" Speechpathology.com, May 17, 2004, available at http://www.speechpathology.com/Articles/article_detail.asp?article_id=72 (accessed July 10, 2006); Patricia K. Kuhl, Feng-Ming Tsao, and Huel-Mel Liu, "Foreign-Language Experience in Infancy: Effects of Short-Term Exposure and Social Interaction," *Proceedings of the National Academy of Science* 100 (2003): 9096-101.
12. Elizabeth A. Vandewater, David S. Bickham, and June H. Lee, "Time Well Spent? Relating Television Use to Children's Free-Time Activities," *Pediatrics* 117, no. 2 (2006): 181-91.
13. The Santiago Declaration and its signatories can be found at the James S. McDonnell Foundation Web site: http://www.jsmf.org/declaration/ (accessed June 2, 2007).
14. See Laura K. Certain and Robert S. Kahn, "Prevalence, Correlates, and Trajectory of Television Viewing Among Infants and Toddlers," *Pediatrics* 109 (2002): 634-42; Dimitri Christakis and Fred Zimmerman, "Early Television Viewing Is Associated with Protesting Turning Off the Television at Age 6," *Medscape General Medicine* 8, no. 2 (2006): 63, available at http://www.medscape.com/viewarticle/531503 (accessed June 6, 2006).
15. Bruce Horovitz, "Six Strategies Marketers Use to Make Kids Want Things Bad," *USA Today*, November 22, 2006, 1 B.
16. Fred Zimmerman and Dimitri Christakis, "Children's Television Viewing and Cognitive Outcomes: A Longitudinal Analysis of National Data," *Archives of Pediatrics and Adolescent Medicine* 159, no. 7 (2005): 619-25.
17. Darcy A. Thompson and Dimitri A. Christakis, "The Association Between Television Viewing and Irregular Sleep Schedules Among Children Less Than 3 Years of Age," *Pediatrics* 116, no. 4 (2005): 851-56.

18. Dimitri Christakis et al., "Early Television Exposure and Subsequent Attentional Problems in Children," *Pediatrics* 113, no. 4 (2004): 708-13.

19. Barbara A. Dennison et al., "Television Viewing and Television in Bedroom Associated with Overweight Risk Among Low-Income Preschool Children," *Pediatrics* 109 (2002), 1028-35.

20. Zimmerman and Christakis, "Children's Television Viewing and Cognitive Outcomes"; Fred Zimmerman et al., "Early Cognitive Stimulation, Emotional Support, and Television Watching as Predictors of Subsequent Bullying Among Grade School Children,"*Archives of Pediatric and Adolescent Medicine* 159, no. 4 (2005): 384-88.

21. The Write News, "Teletubbies Say 'Eh-Oh' to the Internet on Their First Official Website," April 7, 2003, available at http://www.writenews.com/1998/040798.htm (accessed July 10, 2007).

22. Tom Scotney, "Eh-Oh! How Fab Four Won Over the World," *Birmingham Post*, March 31, 2007, 3 (accessed on Lexis-Nexis on July 10, 2007).

23. According to their packages, titles such as Language Nursery, Baby Beethoven, and Baby Mozart are for children ages zero to three years.

24. Anne Becker, "Billion-Dollar Babies; Can Disney's Little Einsteins teach preschoolers, Outdo Dora——and Make Money?" *Broadcast & Cable*, February 13, 2006, available at http://www.commercialfreechildhood.org/news/billiondollarbabies.htm (accessed July 10, 2007); Don Oldenburg, "Experts Rip 'Sesame' TV Aimed at Tiniest Tots," *Washington Post*, March 21, 2006, C1.

25. The Disney Company's Baby Einstein Web site: http://disney.go.com/disneyvideos/preschool/babyeinstein/ (accessed July 15, 2007).

26. Marina Krcmar, Bernard Grela, and Kirsten Lin, "Can Toddlers Learn Vocabulary from Television? An Experimental Approach," *Media Psychology* 10 (2007): 41-63.

27. Kuhl, Tsao, and Liu, "Foreign-Language Experience in Infancy."

28. Frederick J. Zimmerman, Dimitri A. Christakis, Andrew N. Meltzoff, "Associations between Media Viewing and Language Development in Children Under Age 2 Years" *Journal of Pediatrics* 151, no. 4 (2007): 364-68.

29. Personal communication with Steveanne Auerbach, "Dr. Toy," February 22, 2007.

30. For a good discussion of the development of Leapfrog, see Susan Gregory Thomas, *Buy Buy Baby: How Consumer Culture Manipulates Parents and Harms Young Minds* (New York: Houghton Mifflin, 2007), 27.

31. Lauren Foster, "Toymakers Are Looking to Technology to Give Sales a Lift," *Financial Times*, February 11, 2006, 19 (accessed on Factiva, July 11, 2007).

32. Leapfrog products Web site: http://www.leapfrog.com/Primary/Infant/PRD_mmlearningseat/Magic+Moments153+Learning+Seat.jsp?bmUID=1169747436746 (accessed January 26, 2007).

33. Ibid.

34. Dimitri Christakis, interview by Alison Aubry, *All Things Considered*, National Public Radio, December 14, 2005.

35. See Grela, Krcmar, and Lin, "Can Television Help Toddlers Acquire New Words?"; see also Kuhl, Tsao, and Liu, "Foreign-Language Experience in Infancy."

36. "DVD Features," Disney Baby Einstein DVD Collection——Official Baby Einstein DVD Web site: http://disney.go.com/disneyvideos/preschool/babyeinstein/ (accessed July 16, 2007).

37. "Thomas and Friends Brand," Thomas and Friends Web site: http://www.thomasandfriends.com/usa/online_thomas_and_friends_brand_info.htm (accessed July 7, 2007).

38. Quoted in Chris Marlow, "Verizon Adds Nick Content to Cell Phones," *Hollywood Reporter Online*, May 6, 2005 (accessed on Factiva, July 10, 2007).

39. I expand on this in *Consuming Kids*, especially in chap. 2, 31-40.

40. See Thomas, *Buy Buy Baby*.

41. "Sesame Workshop 2006 Annual Report," 17, available at http://www.sesameworkshop.org/aboutus/

pdf/SesameWorkshop2006.pdf (accessed July 16, 2007); "Sesame Workshop Launches New Sesame Beginnings Products at JPMA," press release, Sesame Workshop Web site: http://www. sesameworkshop.org/aboutus/inside_press.php?contentId= 14223458 (accessed July 16, 2007).

42. Susan Gregory Thomas reports 750 for sale on Amazon.com in *Buy Buy Baby*, 25.

43. Don Walker, "Goo-Goo Rah Rah: Though Firm Sees a Winner in 'Baby Badger,' Critics Throw a Flag," *Milwaukee Journal Sentinel*, August 11, 2006, available at http://www.commercialfreechildhood.org/ news/googoorahrah.htm (accessed September 30, 2006).

44. Baby Pro Sports Web site: http://www.babyprosports.com/ (accessed September 30, 2006).

45. "About: Research," Baby Pro Sports Web site: http://www.babyprosports.com/research.asp (accessed September 30, 2006).

Chapter 4: True Romance

1. According to Winnicott, parents do not have to be perfect, but only "good enough." The same can be said for environments as well. See D.W. Winnicott, *Playing and Reality* (New York: Basic Books, 1971).

2. Ibid., p. 51.

Chapter 5: Michael

1. Lynette K. Freidrich-Cofer, "Environmental Enhancement of Prosocial Television Content: Effect on Interpersonal Behavior, Imaginative Play, and Self-Regulation in a Natural Setting," *Developmental Psychology* 15 (1979): 637-46.

Chapter 7: Kara

1. D. W. Winnicott, *The Maturational Processes and the Facilitating Environment* (New York: International Universities Press, 1965), 140-56

Chapter 8: Angelo

1. See Bruno Bettelheim, *The Uses of Enchantment: The Meaning and Importance of Fairy Tales* (New York: Knopf, 1976).

Chapter 9: Wham! Pow! Oof!

1. "Transformer's Marketing More than Meets the Eye," Campaign for a Commercial-Free Childhood Web site: http://commercialfreechildhood.org/transformers.htm (accessed July 8, 2007).

2. Althea Huston-Stein, Sandra Fox, Douglas Greer, Bruce A. Watkins, and Jane Whitaker, "The Effects of Action and Violence on Children's Social Behavior," *Journal of Genetic Psychology* 138 (1981): 183-91.

3. American Academy of Pediatrics, "Joint Statement on the Impact of Entertainment Violence on Children," July 26, 2000, available at www.aap.org/advocacy/releases/jstmtevc.htm (accessed July 8, 2007).

4. Center for Communication and Social Policy, *National Television Violence Study Year Three* (Thousand Oaks, CA: Sage Publications, 1998).

5. Aletha C. Huston, Edward Donnerstein, Halford Fairchild, Norma D. Feshbach, Phyllia A. Katz, John P. Murray, Eli A. Rubinstein, Brian L. Wilcox, and Diana Zuckerman, *Big World, Small Screen: The Role of Television in American Society* (Lincoln, NE: University of Nebraska Press, 1992).

6. Douglas A. Gentile and Craig A. Anderson, "Violent Video Games: The Newest Media Violence Hazard," in Douglas A. Gentile, ed. *Media Violence and Children* (Westport, CT: Praeger Publishing, 2003), 131-52.

7. NDP Group, "Report from the NPD Group Shows 45 Percent of Heavy Video Gamers Are in the Six- to 17-Year-Old Age Group," press release, September 19, 2006, available at: http://www.npd.com/press/ releases/press_060919a.html (accessed July 11, 2007).

8. Mike Snider, "Video Games: Grand Theft Auto: Vice City," *USA Today*, December 27, 2002, D8.
9. Entertainment Software Ratings Board Web site: http://www.esrb.org/ratings/ratings_guide.jsp (accessed July 9, 2007).
10. Douglas A. Gentile and Ronald Gentile, "Violent Video Games as Exemplary Teachers," paper given at the biennial meeting of the Society for Research in Child Development, April 2005.
11. National Institute on Media and the Family, "First-Ever Summit on Video Games and Youth a Success: Medical and Health Experts Agree Video Game Violence Contributes to Aggressive Behavior in Youth," press release, November 6, 2006, available at: http://www.mediafamily.org/press/20061031.shtml (accessed July 11, 2007).
12. Federal Trade Commission Report, "Marketing Violent Entertainment to Children," April 7, 2007, available at http://www.ftc.gov/reports/violence/070412MarketingViolentEChildren.pdf (accessed July 16, 2007).
13. John P. Murray, Mario Liotti, and Paul T. Ingmundson, "Children's Brain Activations While Viewing Televised Violence Revealed by MRI," *Media Psychology* 8 (2006): 25-37.
14. See Gerard Jones, *Killing Monsters: Why Children Need Fantasy, Super Heroes and Make-Believe Violence* (New York: Basic Books, 2003).
15. Seymour Feshbach and Robert D. Singer. *Television and Aggression: An Experimental Field Study* (San Francisco: Jossey-Bass, 1971).
16. See Diane E. Levin, *Teaching Young Children in Violent Times: Building a Peaceable Classroom* (Cambridge: New Society Publishers, 1996).
17. See the work of Diane Levin and Nancy Carlsson-Paige, *The War Play Dilemma*, 2nd ed. (New York: Teachers College Press, 2006), and *Who's Calling the Shots* (St. Paul, MN: New Society Publishers, 1987)
18. Personal communication with Marissa Clark, January 18, 2007.
19. Dafna Lemish, "The School as a Wrestling Arena: The Modeling of a Television Series," *Communication* 22, no. 4 (1997): 395-418.
20. In a letter to the Federal Trade Commission, the Campaign for a Commercial-Free Childhood reported that ads for Transformers appeared on Nickelodeon on June 25, 2007, during *Jimmy Neutron* and *Fairly Odd Parents*, both rated TVY, which means that they are suitable for children as young as two, available at http://www.commercialfreechildhood.org/pressreleases/transformersftcletter.pdf/08/07 (accessed July 9, 2007).
21. Personal communication with Diane Levin, November 18, 2006.
22. Ibid.
23. Albert Bandura, "Influence of Models' Reinforcement Contingencies on the Acquisition of Imitative Responses," Journal of Personality and Social Psychology 1 (1965): 589-95.

Chapter 10 : The Princess Trap

1. I've always liked Bruno Bettelheim's *The Uses of Enchantment*, which takes a psychodynamic look at what fairy tales might mean to children and how they help children grapple with developmental challenges.
2. See Joseph Campbells commentary on the history of fairy tales in Jacob and Wilhelm Grimm, *The Complete Grimm's Fairy Tales* (New York: Pantheon, 1972), 833-64.
3. Bettelheim, *The Uses of Enchantment*, 251.
4. *The Complete Grimms Fairy Tales*, 128.
5. Ibid., 258.
6. For an interesting discussion of the differences see Bettelheim, *The Uses of Enchantment*. 250-67.
7. Personal communication with Clint Hayashi, manager of corporate communications, Disney Consumer Products, Disney, Inc., March 9, 2007; Wendy Donahue, "Princesses Reign Supreme," *Buffalo News*,

March 4, 2007, G13.

8. The film *Mickey Mouse Monopoly: Disney, Childhood and Corporate Power* (Media Education Foundation, 2001) does a really good job of discussing racism and sexism in Disney films.

9. The others are Viacom, which owns Nickelodeon, and Time Warner, which owns the Cartoon Network.

10. "Kristie Kelly for Disney Fairytale Weddings," YouTube Web site: http://www.youtube.com/watch?v= 2 M 5 WlQJCbyw (accessed July 10 2007).

11. "Disney——Princess (2003)," Adland Web site: http://commercialrchive.com/108397.php (accessed July 17, 2007).

12. "MGA Entertainment Introduces the Girls with a Passion for Fashion, Bratz!" *Business Wire*, June 11, 2001 (accessed on Factiva, July 11, 2007); Brent Feigner, "Bringing up Bratz; MGA Entertainment's Isaac Larian Won't Settle for Second Best," *Playthings* 104 no. 6 (June 2006) (accessed on Factiva, July 11, 2007.

13. For an interesting discussion, see Ariel Levy's *Female Chauvinist Pigs: Women and the Rise of Raunch Culture* (New York: Free Press, 2005), 9.

14. Despite product descriptions on the MGA site describing it as a "smoothie bar" (see "Bratz Formal Funk F.M. Limo," MGA Entertainment Web site: http://www.mgae.com/products/new_fall_products_2003/_bratz/fmCruiserLimoBike.asp [accessed July 11, 2007]), Peter DeBenedittis points out that the glasses included distinctly resemble champagne flutes (see "Research: Alcohol Toys: Examples," Peter DeBenedittis, Media Literacy Web site: http://medialiteracy.net/purchase/toys2.shtml [accessed July 11, 2007]).

15. Woolworth's Web site: http://www.woolworths.co.uk/ww_p 2 /product/index.jhtml?pid=50717538.

16. Michael Precker, "Animated Debate for Many Arab-Americans," *Dallas Morning News*, July 12, 1993, C 1 (accessed on Factiva, July 11, 2007).

17. See Heather May, "Study Finds Even Toddlers Know Gender Expectations," *Salt Lake Tribune*, June 14, 2007 (accessed on Factiva, July 11, 2007; see also Kurt Kowalski, "The Emergence of Ethnic and Racial Attitudes in Preschool-Aged Children," *Journal of Social Psychology* 143, no. 6 (2003): 677-90.

18. "Disney First: Black Princess in Animated Film," MSNBC Web site: http://www.msnbc.msn.com/id/17524865/ (accessed on July 10, 2007).

19. Jayne O'Donnell, "Marketers Keep Pace with 'Tweens': Fashion-Minded Girls Prove Rich, but Fast-Moving Target," *USA Today*, April 11, 2007, B1.

20. Sharon Kennedy Wynne, "Site-Seeing with the Kids," *St. Petersburg Times*, June 29, 2007, E 1 ; Katherine Snow Smith, "All Dolled Up," *St. Petersburg Times*, July 9, 2007, E3.

21. Rheyne Rice quoted in Reuters, "Mattel Unveils Online Barbie Community," *Los Angeles Times*, April 19, 2007, C3.

22. American Psychological Association, Task Force on the Sexualization of Girls, *Report of the APA Task Force on the Sexualization of Girls* (Washington, DC: American Psychological Association, 2007), 2, available at www.apa.org/pi/wpo/sexualization.html (accessed April 8, 2007).

23. O'Donnell, "Marketers Keep Pace with 'Tweens.'"

24. Centers for Disease Control, "Youth Risk Behavior Surveillance——United States 2005," June 9, 2006, 78, Table 44, available at http://www.cdc.gov/mmwr/PDF/SS/SS5505.pdf (accessed on July 11, 2007).

25. See in particular David Elkind *The Hurried Child*, 3 rd ed. (Reading, MA: Addison-Wesley, 2001), and *All Grown Up and No Place to Go*, 2 nd ed. (Reading, MA: Addison-Wesley, 1988).

26. See Neil Postman, *The Disappearance of Childhood* (New York: Vintage, 1992).

27. Ellyn Spragins, "Out of the Classroom, Back in the House," *New York Times*, August 3, 2003, C 9 (accessed on Factiva, July 12, 2007).

28. Kelli Kennedy, "College Grads Moving Back Home to Boomer Parents . . . and Staying," Associated Press, July 30, 2006 (accessed on Factiva, July 11, 2007).

29. Kid Power 2007! Web site:http://kidpowerx.com/cgibin/templates/document.html? topic=445& event=12748&document=92748# panel_can_kgoy_and_kysl_coexist (accessed July 11, 2007).

30. Personal communication with researcher Sandra Hofferth, June 2, 2005.

Chapter 11 : Playing for Life

1. Walter Isaacson, *Einstein: His Life and Universe* (New York: Simon & Schuster, 2007), 13.

2. Abraham J. Heschel, *Who Is Man?* (Stanford CA: Stanford University Press, 1965), 81-93.

3. See Mihaly Csikszentmihalyi, *Flow: The Psychology of Optimal Experience* (New York: Harper Perennial, 1990).

4. Ibid., 39-40.

5. Elizabeth A. Vandewater, David S. Bickham, and June H. Lee, "Time Well Spent? Relating Television Use to Children's Free-Time Activities," *Pediatrics* 117, no. 2 (2006): 181-91.

6. Frank Rich, "Never Forget What?" *New York Times*, September 14. 2002 A15.

Chapter 12 : Sasha, Your Peas Are Calling You

1. Susan Linn, "Harry, We Hardly Knew Ye (Harry Potter)," *CommonWealth*, Spring 2000, 92-94.

2. See Mary Ann Kirkby, "Nature as a Refuge in Children's Environments," *Children's Environments Quarterly* 6, no. 1 (1989): 7 -12. See also Patrick Grahn, Fredrika Martensson, Bodil Lindblad, Paula Nilsson, Anna Ekman, "Ute Pa Dagis" (Outdoor Daycare), Stad und Land (City and Country) 145 (1997) (Hasselholm, Sweden: Norra Skane Offset).

3. Amber Mobley, "Movin to the Music," *St Petersburg Times*, May 17, 2007, El.

4. See Dimitri Christakis and Fred Zimmerman, *The Elephant in the Living Room* (New York: Rodale Press, 2006).

5. I discuss this further in *Consuming Kids*, 130-31.

6. Campaign for a Commercial-Free Childhood Web site: http://www.commercialfreechildhood.org/ babyvideos/ftccomplaint.htm; http://www.commercialfreechildhood.org/babyvideos/babyfirstcomplaint. htm (accessed July 8, 2007).

7. As this book was going to press CCFC got a letter from the FTC saying that, because Disney and Brainy Baby modified their claims and have promised not to make unsubstantiated claims about the educational benefits of their products, they saw no need to act on our complaint. The message the FTC is sending to corporations is "It's fine to deceive parents and if you're caught, promise that you won't do it again and there will be no consequences."

8. Nickelodeon's "Let's Just Play" Web site: http://www.nick.com/myworld/letsjustplay/ (accessed July 7, 2007).

9. Melanie Wakefield, Yvonne Terry-McElrath, Sherry Emery, Henry Saffer, Frank J. Chaloupka, Glen Szczypka, Brian Flay, Patrick M. O'Malley, and Lloyd D. Johnston, "Effect of Televised, Tobacco Company-Funded Smoking Prevention Advertising on Youth Smoking-Related Beliefs, Intentions, and Behavior," *American Journal of Public Health* 96, no. 12 (2006): 2154-60.

10. Frederick Zimmerman et al., "Television and DVD/Video Viewing in Children Younger than 2 years," *Archives of Pediatric and Adolescent Medicine* 161, no. 5 (2007): 473-79.

11. Allen D. Kanner and Joshua Golin, "Does Coke Money Corrupt Kids Dentistry?" *Mothering*, March/ April 2005, 48.

12. See Jane Levine, Joan Dye Gussow, Diane Hastings, and Amy Eccher, "Authors' Financial Relationships with the Food and Beverage Industry and Their Published Positions on the Fat Substitute Olestra," 93, no. 4 (2003): 664-69. Accessed on Ovid July 12, 2007; Mark Barnes and Patrick S. Florencio, "Financial Conflicts of Interest in Human Subjects Research: The Problem of Institutional Conflicts," *Journal of Law Medicine and Ethics* 30, no. 3 (2002): 390-402 (accessed on Factiva, July 12, 2007); Jerome P.

Kassirer, "Financial Conflict of Interest: An Unresolved Ethical Frontier," *American Journal or Law and Medicine* 27, no. 2-3, (2001): 149-79 (accessed on Factiva, July 12, 2007); and "Guideline Authors Influenced by Industry Ties, Study Says," *Drug Marketing* 4, no. 6 (2002) (accessed on Factiva, July 12, 2007).

13. Don Oldenburg, "Experts Rip 'Sesame' TV Aimed at Tiniest Tots," *Washington Post*, March 21, 2006, C1.
14. "Child's Play," editorial, *New York Times*, August 20, 2007, A18.
15. Jenna Russell, "Nature Makes a Comeback: In a Techno World, Traditional Camps Flourish," *Boston Globe*, July 7, 2007, A1.
16. For an excellent discussion of the importance of connecting to nature for children's development, see Richard Louv's *Last Child in the Woods: Saving Our Children from Nature-Deficit Disorder* (Chapel Hill, NC: Algonquin of Chapel Hill, 2006).
17. Michele M. Melendez, "Calling on Kids; Cell Phone Industry Aims at Youngest Consumers," *Grand Rapids Press*, July 3, 2005, F4.
18. Ken Heyer, a market researcher from ABI Technologies, quoted in Doreen Carvajal, "A Way to Calm a Fussy Baby: 'Sesame Street' by Cellphone," *New York Times*, April 18, 2005, C10.

推薦図書

Bok, Sissela. Mayhem: Violence as Public Entertainment. Read-ing: Addison-Wesley, 1998.

Cantor, Joanne. "Mommy I'm Scared": How TV and Movies Frighten Children and What We Can Do to Protect Them. San Diego: Harvest, 1998.

Carlsson-Paige, Nancy, and Diane E. Levin. Who's Calling the Shots: How to Respond Effectively to Children's Fascination with War Play and War Toys. Philadelphia: New Society Publishers, 1990.

Cordes, Colleen, and Edward Miller. Fool's Gold: A Critical Look at Computers in Childhood. College Park, MD: Al-liance for Childhood, 2000.

Cavoukian, Raffi, and Sharna Olfman. Child Honoring: How to Turn This World Around. Westport, CT: Praeger Publishers, 2006.

Elkind, David. The Power of Play: How Spontaneous, Imagina-tive Activities Lead to Happier, Healthier Children. Cam-bridge: De Capo Press, 2007.

Erikson, Erik. Childhood and Society. New York: W.W.Norton, 1950.

Freud, Anna. The Ego and the Mechanisms of Defense. Revised edition. New York: International Universities Press, 1966.

Gotz,Maya, Dafna Lemish, Amy Aidman,and Heysung Moon. Media and the Make-Believe Worlds of Children: When Harry Potter Meets Pokemon in Disneyland. Mahwah, NJ: Lawrence Erlbaum Associates, 2005.

Jenkinson, Sally. The Genius of Play: Celebrating the Spirit of Childhood. Gloucestershire, UK: Hawthorn Press, 2001.

Kasser, Tim. The High Price of Materialism. Cambridge, MA: MIT,2002.

Kasser, Tim, and Allen D. Kanner, eds. Psychology and Con-sumer Culture: The Struggle for a Good Life in a Materialis-tic Society. Washington, DC: APA Books, 2004.

Levin, Diane E. Remote Control Childhood? Combating the Hazards of Media Culture. Washington, DC: National Asso-ciation for the Education of Young Children, 1998.

Linn, Susan. Consuming Kids: The Hostile takeover of Child-hood. New York: The New Press, 2004.

Olfman, Sharna, ed. All Work and No Play——: How Educational Reforms Are Harming Our Preschoolers. Westport, CT: Praeger Publishers, 2003.

——. Childhood Lost: How American Culture Is Failing Our Kids. Westport, CT: Praeger Publishers, 2003.

Paley, Vivian Gussin. A Child's Work: The Importance of Fantasy Play. Chicago: University of Chicago Press, 2004.

Piaget, Jean. Play, Dreams and Imitation in Childhood. New York: W.W. Nortin, 1962.

Postman, Neil. The Disappearance of Childhood. New York: Delacorte Press, 1982.

Singer, Dorothy G., and Jerome L. Singer. The House of Make-Believe: Play and the Developing Imagination. Cambridge, MA: Harvard University Press, 1990.

——. Imagination and Play in the Electronic Age. Cam-bridge, MA: Harvard University Press, 2005.

Thomas, Susan Gregory. Buy, Buy Baby: How Consumer Cul-ture Manipulates Parents and Harms Young Minds. Boston: Houghton Mifflin, 2007.

Winnicott, Donald W. Playing and Reality. New York: Basic Books, 1971.

【訳者詳解】

監訳、chapter 1、2

近喰　ふじ子（こんじき　ふじこ）

東京女子医科大学　小児科医　医学博士

東京家政大学名誉教授、客員教授（小児科専門医、子どものこころ専門医、日本心身医学会専門医、臨床心理士、芸術療法士）

〈著書〉子どもの病気～理解と接しかた～（編集、共著）医学出版社

星と波描画テストの発展（分担訳）川島書店　他

chapter 3、4

福井　至（ふくい　いたる）

早稲田大学大学院人間科学研究科　博士（人間科学）

東京家政大学人文学部心理カウンセリング学科教授（臨床心理士、公認心理師）

〈著書〉「抑うつと不安の関係を説明する認知行動モデル」（単著）風間書房

「図説　認知行動療法ステップアップ・ガイド－治療と予防への応用」（共著）金剛出版　他

chapter 5、6

梅原　碧（うめはら　みどり）

東京家政大学大学院　人間生活学総合研究科　臨床心理学専攻 修士課程修了（心理学）

東京家政大学 人文学部 心理カウンセリング学科 期限付助教（臨床心理士，公認心理師）

chapter 7、8

井森　澄江（いもり　すみえ）

東京大学大学院教育学研究科教育心理学専攻博士課程単位取得満期退学（教育学）

東京家政大学人文学部教育福祉学科教授（学校心理士）

〈著書〉「子どもの社会的発達」（共著）東京大学出版会

「教育心理学エッセンシャルズ」（共編著）ナカニシヤ出版　他

chapter 9、10

南　めぐみ（みなみ　めぐみ）

北海道大学院教育学研究科教育制度専攻修士課程（教育学）

やまだこどもクリニック（言語聴覚士、臨床心理士）

〈著書〉「吃音の基礎と臨床　統合的アプローチ」（分担訳）学苑社

chapter 11、12

石井　雄吉（いしい　たかよし）

日本大学大学院文学研究科心理学専攻博士前期課程修了　医学博士

明星大学心理学部教授（臨床心理士、公認心理士）

〈著書〉「臨床心理学～やさしく学ぶ～」（共著）医学出版社

「改訂版　心理学に興味を持ったあなたへ　大学で学ぶ心理学」（共著）学研プラス

ごっこ遊びの理論と事例
- The Case For Make Believe -

定価　本体 2,800円＋税

発行日　2021 年 2 月 5 日　初版第 1 刷発行
著　者　スーザン・リン
監訳者　近喰　ふじ子
訳　者　福井 至・井森 澄江・石井 雄吉・南 めぐみ・梅原 碧
発行者　七海　英子
発行所　株式会社 医学出版社
　　　　〒113-0033 東京都文京区本郷 3-16-6-802
　　　　TEL （03）3812-5997・FAX （03）3868-2430
　　　　http://igakushuppansha.web.fc2.com/
印刷・製本　株式会社メデュ-ム
ISBN978-4-87055-141-1　C0011　落丁・乱丁本はお取り替えいたします。